川嶋四郎 著

日本人と司法の歩み

日本史のなかの裁判

法律文化社

はしがき

本書は、日本史の中の人と裁判に着目して、日本の裁判・民事訴訟・民事紛争解決の望ましいあり方を考えることを目的としました。幸い多くの読者を得ることができた旧著『日本人と裁判』（法律文化社、二〇一〇年）を全面的に改訂し、新たに章や写真・コラム（**歴史の寄り道①～⑬**）を加えて改題もしています。

こんなに面白い学問分野である「民事訴訟・民事裁判」の法が、大学の授業では「民訴」＝「眠素」などと言われ、睡魔を誘うつまらない授業として嫌われがちな現状を何とかしたい思いから執筆したのが本書です。法学・民事訴訟法の教師として、スイマセンという気持ちと、もったいない面持ちが、心情的にない交ぜになっています。社会が複雑化し価値観が多様化しダイバーシティが尊重される現代社会で、民事紛争が生じた場合に、最後に解決の決め手となるのは「手続」であることも少なくないからです（新堂幸司『司法改革の原点』〔有斐閣、二〇〇一年〕も参照）。しかも、法学の学びの道は多様であってもよいと考えるからでもあります。

江戸時代中期の思想家、荻生徂徠（おぎゅうそらい）（→**第5章1**）は、「学問は歴史に極まり候（そうろう）」と記しました。人間社会も民事訴訟法も、すべて歴史的な所産です。徂徠は、「学問は飛耳長目の道（ひじちょうもく）と荀子も申し候（じゅんし）」と記し、「飛耳」で海外の情報の価値を語り、「長目」で歴史から学ぶことの意義を説きました。現代に

通じる卓見だと思います。ポール・ヴァレリーが記すように、「湖に浮かべたボートを漕ぐように、人は後ろ向きに未来へ入っていく」ことしかできないからです（つまり、「目に映るのは過去の風景のみであり、明日の景色は誰にも分からない」）のです。）。

日本では、明治維新以降、不平等条約等の懸案の早期改正等から、西欧近代法の継受は喫緊の課題でした。しかし、日本の歴史を紐解けば、西欧列強の統治基盤となっていた西欧近代法の継受は喫緊の課題でした。しかし、日本の歴史を紐解けば、太古から正義・司法へのアクセスや合理的な裁判への志向を見出すことができます。日本の中世や近世でさえ、平等かつ公正な裁判や紛争解決・法的救済への志向を読み取ることができるのです。不連続な面はあるものの、現代日本の民事裁判の世界では、アクセス・公正・和などの局面で、日本史の歴史的な伝統を、確かに受け継いでいると考えられるからです。

目まぐるしく移り変わる時代の流れの中で忘れられてしまいかねない近時（二〇二〇年〔令和二年〕秋）の重大な出来事として、法学士、菅義偉（すがよしひで）の内閣時における日本学術会議会員任命拒否事件を挙げることができます。人文・社会科学系会員候補者のみ六名（第一部会〔人文・社会科学系部会〕改選三名中の六名）もが、任命権者である内閣総理大臣に任命を拒否された事件です（二〇二二年〔令和四年〕七月現在でも、定員割れという日本学術会議法七条一項を満たさない違法状態が継続しています。憲法七三条一号・四号、九条も参照）。それは、「令和」と当時の首相が説明したときの官房長官の行為だったのです。

「令和」とは、『人々が美しく心を寄せ合う中で、文化が生まれ育つ』という意味を込めた」と当時の首相が説明したときの官房長官の行為だったのです。

私は、社会科学系研究者の一市民として、民事訴訟法を憲法価値の実現プロセスを規定した手続法と考えていますが、この事件は、日本国憲法が目指す日本社会の未来を破壊しかねないと考えます（憲法前文、思想・良心の自由〔憲法一九条〕、表現の自由〔同二一条〕、学問の自由〔同二三条〕等を参照）。「民主的社

会においては、自分がより特権的な立場にいるからこそ、自分が他の人間と平等であるからこそ、果たさなければならない義務がある」と論じ、「今日求められるのは、人々の平等を前提にした共感の能力」で、あり、「自分と立場や理想を異にする人々もまた、自分と同じ人間であることに対する共感の能力」で、「そのような他者から学び、自己修正の契機とすること」、「平等社会のモラルに基づ」き、「相互的なりスペクトを可能にする社会という空間を構築し、支えていくことが一人ひとりの個人に求められている」と論じる学者が、任命を拒否されたのです（引用は、宇野重規『〈私〉時代のデモクラシー』岩波書店、二〇一〇年）。「学術会議問題」などと呼ばれることがありますが、問題は日本学術会議の側にあるのではなく、違法な任命拒否をした任命権者にあることは言うまでもありません（彼が、結局一度の総選挙も経験することなく、内閣総理大臣を退いたのは遺憾です）。九州大学を去ったカナダに渡った量子化学者、藤永茂が『アメリカ・インディアン悲史』（朝日新聞社、一九九一年［原著、一九七二年］）で、「インディアン問題はインディアンたちの問題ではない。我々の問題である。」と喝破した事実と重なるのです。これは、ともかく、物言えば唇寒し秋の風が、学問や大学の世界に（官僚の世界にも）吹いています。

思想、政治およびイデオロギーにおける右や左の問題ではなく、人と日本と学問の将来に関する話です。日本という国は、一三〇〇年以上も前に百済から亡命した学問に対する畏敬の念の問題でもあります。

学者、鬼室集斯の墓（→「序章」扉写真）を、今日に至るまで滋賀の蒲生野にある小さな村落（小野の集落）でひっそりと温かく守り続ける、そのような人々の国家だったはずだからです。

このような日本の歴史における人と裁判・司法の歩みを、本書では垣間見ていきたいと思います。旧

本書の執筆過程では、実に多くの人々や学生たちにお世話になりました。書物からもしかりです。

著がご縁でお話をする機会を得て、多くの内外の方々と意見を交わすこともできました。特に、アメリ

カのノース・カロライナ大学、ドイツのチュービンゲン大学、中国人民大学、台湾の國立中正大学、福井調停協会、神奈川調停協会、中部調停協会、司法書士会連合会等の関係者の方々にも、心から御礼を申し上げます。法律文化社の田靡純子さんには社長時代に旧著の新訂をお勧めいただき、梶谷修さんには様々なご示唆を賜りかつ懇切丁寧な編集作業を行っていただきました。しかも、読者のために、素晴らしいサブタイトルを考えていただきました。心から感謝を申し上げます。私たちが、文字通り家族ぐるみでお世話になった、ノース・カロライナ大学ロースクール名誉教授、William J. Turnier先生および奥様の故 Marife さんにも、心から御礼を申し上げます。歴史学の学位を有する先生ご夫妻と特にライシャワー博士に日本史を学んだマリフェさんとは、歴史の話をよくしました。本書には、世界を自由に往き来できた時代のそのような懐かしい思い出も込められているのです。

コロナ・パンデミックとウクライナをはじめ世界各地で現在進行形である戦争や内戦が、一日も早く終息し終戦することを願うばかりです。

なお、本書の最初の成立ちなどを理解していただくためには、本書の「あとがき」を参照していただければ幸甚です。本書では写真も用いましたが、すべて私が折に触れて撮ったものを用いました。

二〇二二年〔令和四年〕四月二五日

冷泉家の隣、花水木の咲く同志社大学弘風館にて

川嶋　四郎

iv

目　次

はしがき　i

序　章┃日本史から裁判のあり方を学ぶ…………………………………I
　　　■日本における「司法アクセス」の起源「十七条憲法」

第1章┃上代司法と聖徳太子………………………………………………7
　　　■日本における「司法アクセス」の起源「十七条憲法」

1　上代の法と裁判　8

2　血塗られた時代　11

3　「法の支配」の起源としての「十七条憲法」　12

4　「十七条憲法」に規定されていた「司法へのアクセス」の保障　13

5　太子の基本思想と孤独感　17

【歴史の寄り道①】　歴史の中の「正義・司法へのアクセス」論　20

v

第2章 鎌倉司法と阿仏尼の思い 23
■「東の亀の鑑」と統治の真髄

1 阿仏尼の民事訴訟への希求 24
2 裁判に向かう阿仏尼の『十六夜日記』 26
3 鎌倉時代の司法制度 28
4 北条時頼の諸国行脚 32
5 日本中世の女性像 34
6 「細川の荘」をめぐる裁判の行方 35
7 中世の民事裁判と道理 38
8 『太平記』が語る裁判官の姿 40
【歴史の寄り道②】 中世世界に観る「救済観」 42

第3章 「徳政」と乱世に生きる庶民の力 45
■中世庶民と法への思い

1 庶民と金銭債務 46
2 中世の高利貸し…土倉 47
3 「徳政」と「徳政令」 48
4 永仁の徳政令 50
5 永仁の徳政令の評価 51

第**4**章　中世の「庶民自治」と紛争解決……………………………………………………………

　　■中世における自治的紛争処理とその終焉

1　中世庶民の生活　63

2　南山城における「コミューン」の形成　64

3　加賀における「コミューン」の形成　65

4　惣村の成立と自治　66

5　謙抑的な自力救済観と共生関係の回復　69

6　中世の町の自治　71

7　「分国法」による自力救済の禁止と裁判権の掌握　73

8　自力救済禁止の代償　77

9　庶民の「統治主体」化　78

【歴史の寄り道④】　甲賀郡中惣　80

62

6　「日本開闢以来土民蜂起……」　53

7　「天下一同徳政令」　55

8　徳政一揆の終焉と下剋上　57

【歴史の寄り道③】　「徳政」余談　59

第5章　江戸庶民の法と司法の見方 84
　■明治近代司法の底流を見つめて

1　荻生徂徠の卓見　85

2　朝日文左衛門の法感覚　86

3　江戸の裁判：大岡越前と遠山金四郎　88

4　徂徠と西鶴の著作に見る「江戸庶民金融の蟻地獄」　91

5　中江藤樹と熊沢蕃山　93

6　「三方一両損」から「四方よし（＝司法よし）」へ　95

【歴史の寄り道⑤】　江戸時代にも鉄火裁判　97

第6章　明治初期における「逝きし世の日本司法の面影」 100
　■日本人が西欧法に出会う時

1　明治初期の裁判との出会い　101

2　近代司法制度の形成　103

3　裁判制度の産みの苦しみ　104

4　司法府の最高機関としての大審院の設置　106

5　現代司法の「内省的視座」を求めて　108

【歴史の寄り道⑥】　ある裁判所の風景　112

第7章　初代司法卿、江藤新平の孤独な闘い

■「国民のための司法」の濫觴

1　司法改革の「歳月」115

2　江藤の志　117

3　「民の司直」への悲願　117

4　近代的な司法制度確立指向の挫折　120

【歴史の寄り道⑦】　日米内戦比較　122

第8章　近代市民、福澤諭吉の司法観

■明治期の司法と人材育成

1　「門閥制度は親の敵」126

2　福澤と陪審制　127

3　福澤の訴訟観　129

4　福澤と法学教育　131

【歴史の寄り道⑧】　「独立自尊」と「良心教育」132

第9章　大津事件と児島惟謙 ……

■「司法権の独立」の確保とその限界

1　事件の勃発　137

114

125

136

第10章　足尾鉱毒事件と田中正造の孤独な闘い ……………… 147

■「国民の司法離れ」の深刻な一起源

1　「辛酸佳境に入る」 148

2　「予は下野の百姓なり」 149

3　亡国の思念 150

4　選択肢ではなかった民事訴訟 152

【歴史の寄り道⑩】　民衆の視座から 154

第11章　原敬の司法観 …………………………………………… 158

■陪審裁判と市民参加

1　「宝積」の精神 159

2　分家して、平民になる 160

3　原の陪審観 162

4　日本陪審制度の含意 165

2　「護法の神」 139

3　政府の干渉と児島の奔走 140

4　判決と事件の評価 142

【歴史の寄り道⑨】　事件の後 144

目　次

5　暗　殺　167

6　陪審制度‥権力に対する国民参加の橋頭堡　169

【歴史の寄り道⑪】　忘れてはいけない「大逆事件」　170

第12章　詩人・宮澤賢治の訴訟観………………………………………175

■「ソショウ」は本当にツマラナイか？

1　感性の詩人　176

2　小作争議と小作調停法の制定　177

3　小作調停法とその影響　179

4　『雨ニモマケズ』と『どんぐりと山猫』　181

5　賢治の訴訟観　182

6　孤独な菩薩道　186

【歴史の寄り道⑫】　民事訴訟法学者、雉本朗造の場合　188

第13章　戦後司法改革の小史………………………………………190

■戦後民主司法は何を創り残したか？

1　戦後の司法改革　191

2　戦後における裁判所改革　195

3　いわゆる「司法の危機」と呼ばれた現象　198

xi

終　章｜民事裁判の近未来展望……………………………… 215

　1　民事訴訟で扱うこと　216

　2　「自分でできる納得民事裁判」の基本要素　218

　3　民事訴訟における救済過程の課題　221

あとがき　235

4　『司法制度改革審議会意見書』に至る道程　203

5　『司法制度改革審議会意見書』とその後　205

【歴史の寄り道⑬】　三島由紀夫と家事調停　209

序章　日本史から裁判のあり方を学ぶ

「もろもろの国民に適する、社会についての最上の法を見つけるためには、すぐれた知性が必要である。その知性は、人間のすべての情熱をよく知っていて、しかもそのいずれにも動かされず、私たちの性質を知りぬいていながら、それと何らのつながりをもたず、みずからの幸福が私たちから独立したものでありながら、それにもかかわらず私たちの幸福のために喜んで心をくだき、最後に、時代の進歩のかなたに光栄を用意しながらも、ひとつの世紀において働き、後の世紀において楽しむことができる、そういう知性でなければなるまい。……」J‐J・ルソー

『社会契約論』（岩波書店、一九五四年〔原著、一七六二年〕）より

「現代人は、自分がそこから出て来た暗がりを振り返って、熱心に見つめていますが、それは、そこから射して来る微光が現代人が踏み込もうとする暗闇を照らしてくれるという、望みがあってのことです。」

E・H・カー

『歴史とは何か』（岩波書店、一九六二年）より

現在、日本の司法制度や紛争解決システムは、大きな転換の渦の中にある。

それは、国民と司法との距離が様々な局面で縮まり、司法や裁判、そしてあらゆる紛争解決手続が真に市民のための身近な存在になりつつある画期的な時期を迎えているとも、考えることができるからである。

司法改革の機運は、日本の歴史の様々な局面に見られたが、現在の動きを急激に加速させるひとつの大きな契機となったのが、二〇〇一年〔平成一三年〕六月一二日に公表された『司法制度改革審議会意見書』（『意見書』）である。これは、翌年三月一九日の小泉純一郎内閣閣議決定である『司法制度改革推進計画』に基づいて、後にその多くが具体化された。関係立法が施行され、現在、日本の司法および法学教育等を中核とした様々な領域で、着実に実行に移されている。

その「六月一二日」は、旧暦であるが、奇しくも、日本が律令国家に向かう起点となった「大化の改新」の端緒となる「乙巳の変」の勃発日に一致する。それは、六四五年〔皇極四年〕であり、時代も暦も異なるものの、日付の一致は、改革の濫觴としての重要性を連想させる。なお、この『意見書』が公表される一三〇〇年前には、大宝律令が制定されている。

司法改革は、決して近時のトレンドのひとつにすぎないものではない。日本の歴史を紐解けば、数多くの人々が、その時々の「司法」のあり方に対して、様々なかたちで問題を提起し、改革を促してきた。先の『意見書』は、いわばこれらの日本史上における人々の営みと思いの上に屹立しているようにも思われる。

制度は人である。

優れた制度は、優れた担当主体や関係者に出会うことができて初めて、日々の実践の中で命を吹き込

2

まれ、期待された役割を十分に果たすことができる。制度は生き物でもある。

それは、いわばその内部に進化や変革のメカニズムが組み込まれたものであり、絶えず制度内外からの真摯な改革要求を受け入れながら、時代と人々のニーズに即応して行くべきである。利用者の満足が、その成否の試金石になるからである。

本書では、現代的な司法的救済の視点から、この国の歴史上の人々や事件等に焦点を当てて、その時々の改革の一断面を切り取って行きたい。裁判や司法は、私たちの日常生活から遠いものとも思われがちである。しかも、法制度や手続法の原理原則は、抽象的であり、それらが、法学や法制度を学ぶ際には、近づき難さの要因ともなりかねない。

しかし、それは、法学と法学者の本意ではないであろう。市民が、よりアクセスしやすく、より利用しやすく、より分かりやすく、そして、より頼りがいのある司法制度・裁判制度になることができるためには、法学や裁判に対する様々なアプローチが工夫されなければならない。

私は、これまで、民事訴訟過程・民事手続過程の全体を「救済過程」と考え、そのプロセスを通じて、紛争関係主体（自然人、法人等）が、法専門家のサポートを得ながらも、どのように過程的救済や結果的救済を得ることができるかを探求し続けてきた。民事訴訟過程やその他の民事紛争処理過程における「他者とのかかわりを通じた自己創発的な救済」の保障こそが、人々や企業等が最後の拠り所とする法的プロセスの目的であるという基本的な考え方に基づいて、研究を行ってきたのである。

本書では、日本の歴史上の様々なエピソードやトピックを用いて、日本の現在の司法や裁判制度を知り学ぶというアプローチを用いたい。温故知新の理（ことわり）のように、歴史と人間（特に、時代時代の庶民）の視

点から、裁判制度のあるべき姿を探究し、裁判のプロセスにおいて、人々や企業・団体等がいかにして救済を獲得して行くことができるかについて探究して行きたい。

それは、日本の歴史における法や裁判に関するエピソードから、現代の裁判を学ぶ手法である。

一般に、「法学」を学ぶことは、法や権利や手続といった、人間が人間のために創造した目に見えない英知を理解し、実践知として自らのものとし、他者のために生かす術を身に付けることである。それは、難しいことであるが、学びの多様なアプローチが許される学問分野であろう。

近時、すでに刑事裁判の領域では、裁判員裁判の制度が、十分な準備期間を経て比較的スムーズに実施され、国民の司法参加を組み込んだ新たな司法制度の局面を開きつつある。そこで、次は民事裁判が、新たな局面を切り開かれる対象となるであろう。私たちの日常生活により身近な紛争解決手続の中核である「民事司法・民事裁判」の実現に、本格的に取り組まなければならないのである。法学の領域の中でも、特に難解であるとされる民事訴訟法・民事裁判のシステムを、できるだけ分かりやすくしも興味をもって身近に感じながら、学んでもらえればと願っている。また、政治・統治・支配の道具ではなく、私たちがより豊かな生活を送ることができるための救いの手段として活用してもらえればと願っている。

ところで、二〇〇四年（平成一六年）四月一日から、二一世紀の日本司法を支えるための「人的基盤の拡充」のために、法科大学院制度がスタートした。創設当初と比較して、校数も規模も縮少したが、法科大学院では、現在意欲のある多くの学生が日々学んでいる。勿論、法学部や大学院法学研究科でも同様である。日本の司法は、日本の歴史と切り離して考えることができない。日本法も日本人の法感覚も、日本の歴史に根差しており、また制約も受けている。しかし、それゆえに、飛躍的な展開可能性の

4

希望もまた存在する。制約は、桎梏（しっこく）ではなく、飛躍の原点とも考えられるからである。

「正人君子」たちから忌み嫌われる文章を書き継ぎながらと自ら記しつつ五十代で人生を終えた魯迅（一八八一年～一九三六年）は、『故郷』（一九二一年）の中で、次のように記している。

「思うに希望とは、もともとあるものともいえぬし、ないものともいえない。それは地上の道のようなものである。もともと地上には道はない。歩く人が多くなれば、それが道になるのだ。」（竹内好訳による）

おそらく歴史も、そのように、無名の人々の歩みによって創られて来たのだろう。

幸か不幸か、私は、法科大学院の創設以来、九州大学法科大学院等で、民事訴訟法関係の数多くの授業科目だけではなく、「文学と法」や「民事救済法」等の授業を担当する機会をもつことができた。本書は、そのさいに教材として用いた日本や海外の文学作品等も、いくつか含んでいる。意欲ある優れた学生が数多く集まった法科大学院の教育に、まだまだ学びの余裕があった時代の話である。授業に参加してくれた学生の皆さんから、様々なインスピレーションもいただいた。司法試験という、いわばボトルネックが、法科大学院教育や学問のあるべき姿を変容しかねない現代の日本において、法律学に対する真摯な学びの姿勢を有し、（新島襄の言葉を用いれば）良心の充満した学生たちの存在は、私にとっては教育の糧でもある。心から感謝したい。

民事訴訟法も裁判法も、紛争解決のためのあらゆる手続も、歴史的な存在である。私の専門である民事訴訟法や民事紛争解決手続は、その歴史研究自体に意義があるのではなく、歴史から現在および将来に向けた糧が得られる限りで、すぐれて歴史的な所産として発展可能性をもつ。このような想念も、九州大学における十年余りの年月で感得することができ、同志社大学での十数年の年月の中で、その研究

をより一層深めることもできた。

以下では、裁判制度の望ましいあり方に関心をもつ一市民の立場から、この国の歴史の中で司法制度改革に関係のある人や事件に関する著名な書物等をもとにして、日本の司法や裁判にまつわる人々の真摯な営みや熱い思いを垣間見て行きたい。そして、ささやかながらも市民の目線から、近未来を見据えた改革を志向して、司法改革についての展望を行いたい。それは、あくまでも、現代の民事訴訟法および裁判制度・司法制度の一研究者の視点から、二一世紀のあるべき民事裁判の探求の契機を提供することを目的とするものである。

■序章　扉写真

鬼室神社。近江朝期に百済（くだら）から帰化した学者、鬼室集斯（しゅうし）を祭る。集斯亭の背後の森の中に神社があり、拝殿の裏には石の「祠（ほこら）」がある。（筆者撮影）

第1章 上代司法と聖徳太子

■日本における「司法アクセス」の起源「十七条憲法」

二一世紀における大規模な司法改革は、『司法制度改革審議会意見書』（二〇〇一年）をひとつの起点としている。

ここでは、不合理でしかも恣意的にもなりかねない「人の支配」ではなく、日本国憲法の理念を実現するための平等かつ公正な「法の支配」をこの国に普及させることを、その主要な目的のひとつに掲げていることを、今一度確認しなければならない。

この『意見書』では、「司法制度改革の三本柱」として、①国民の期待に応える司法制度の構築（制度的基盤の整備）、②司法制度を支える法曹のあり方（人的基盤の拡充）、および、③国民的基盤の確立（国民の司法参加）が挙げられていた。

『意見書』は、国民の目線に立ち、国民にとってより利用しやすく分かりやすく頼りがいのある裁判の実現を目指している。

民事裁判の改善に関して、

本章では、日本における近代化の所産ともいうべき「法の支配」の淵源および「正義・司法・裁判へのアクセス」論の起源を、この国の上代に訪ねてみたい。

1 上代の法と裁判

洋の東西を問わず、社会あるところに法があり、紛争あるところに裁判があった。

これは、太古から現代に至るまで、変わることのない現実である。ただ、問題は、その法と裁判の具体的なありようであり、それらが合理性を有するもの（理にかなったもの）になるまでには、長い歴史と人知の営みが必要であった。しかし、その歴史は、今も続いている。「法の支配」の実質化や裁判手続の改善の営みは、現在進行形だからである。

この国における法治国家（「法の支配」が行きわたった国）の起源を探ること自体、現代社会にとって、どれほどの価値があるかは分からない。しかし、日本でも、封建時代よりもはるか昔から、「法治国家」を志向する人々が存在した事実も、また忘れることができない。

日本の古代史を遡ったとき、まず、天智天皇（六二六年〔推古三四年〕～六七一年〔天智一〇年〕二月三日）の時代に、藤原鎌足（六一四年〔推古二二年〕～六六九年〔天智八年〕一〇月一六日）らによって「近江令」が編纂されたとされているが、それは現存していない。今に残る最初の法典としては、七〇一年〔大宝元年〕に制定された「大宝律令」に辿り着く。これは、藤原不比等（六五九年〔斉明五年〕～七二〇年〔養老四年〕八月三日）らによって作られた律と令である。「律」とは、刑罰について定めた法典をいい、「令」とは、行政組織の大要や土地・人民の支配・強化について定めた法典をいう。このときから、日本は、律令国家になり、原初的な法治国家の形態をとることになったのである。

それよりも以前に、この律令国家の基本理念を策定し、その理念に従って、この国における国家制度

8

を創ったのが、一四〇〇年前に亡くなった聖徳太子（五七四年〔敏達三年〕～六二二年〔推古三〇年〕二月二二日）である。

古代の裁判といえば、ともすれば、「盟神探湯（くがたち）」などに象徴されるように、非合理的な裁判や糾問手続が行われていたと考えられがちである。盟神探湯は、事件における正邪を決するために、神に誓った後に、手を熱湯の中に入れて探り、手の爛れ具合を調べて、その真偽等を判断する手続であった。

また、山上憶良（六六〇年〔斉明六年〕～七三三年〔天平五年〕）の「貧窮問答歌」（『万葉集』巻五）の一節に見られるように、個人の尊重・尊厳（憲法一三条・二四条二項）や手続保障（同三一条）など思いもよらない時代の苛酷な夜間執行の実情さえも想い起こされる。

彼は、次のように詠んだ。

「……竈（かまど）には、火気（ほけ）ふき立てず、甑（こしき）には、蜘蛛の巣かきて、飯炊（かし）く、ことも忘れて、鵼鳥（ぬえどり）の、呻（の）吟（よ）ひをるに、いとのきて、短き物を、端切（はしき）ると、言へるがごとく、楚（しもと）取る、里長（さとおさ）が声は、寝屋処（ねやど）まで、来立ち呼ばひぬ、かくばかり、すべなきものか、世間（よのなか）の道」

【現代語訳】「〔煮炊きするために使う〕かまどには、火の気がなく、〔蒸すために使う〕こしきには、蜘蛛の巣が張っており、ご飯を炊くことも忘れて、あたかも、短い物の端をさらに短く切るという言葉のように、ムチを持った里長の声が、家族で寝ているところまで立ち入ってきて、〔税の取り立てのために〕大声をあげる。このように、どうしようもないものなのか、この世の中は。」（現行法では、夜間〔午後七時から翌日午前七時までの間〕・休日執行は、原則禁止されている。民事執行法八条。国税徴収法一四三条も参照。）

しかし、国定歌集ともいうべき『万葉集』に、このような歌が入れられたこと自体、奇跡的である。

それは、結果的に、国家や政府や官吏を批判する内容をもつものだからである。万葉集の編纂に重要な役割を担った大伴家持（七一八年〔養老二年〕～七八五年〔延暦四年〕八月二八日）の見識であり、良心の発露とも言える。そして「良きもの」の前には、貴賤貧富の差がなく平等であったことを窺い知ることもできる。良き歌は人々に語り継がれるのであり、そのような歌を無視することができなかったのかもしれない。あるいは、若い頃には国司の子として、また後年には自ら国司として、諸国を巡った経験のある人ならではの感性に由来するものなのかもしれない。現代以上に、フェアーな一面も見られるのである。

防人の歌も同様である。法の前ではともかく、歌の前では、人々は平等であったのである。現代から見れば、過酷な時代と思われかねない時代の人々の生活の中にも、人々が安らぐことができるときを、歌が作り出していたのであろうか。時代が下り、たとえば、『古今和歌集』（九〇五年）や『新古今和歌集』（一二〇五年）などになると、庶民は、「詠み人知らず」として歌の世界に顔を出すことになるようである。

ともかく、春は奈良である。

白い小さな馬酔木の花が様々な場所で咲き乱れている。太古も、そうであったに違いない、古代社会においても。そのような時代にあって、理想の国家や裁判制度を目指したのが、聖徳太子であった（「聖徳太子」は後世の諡であるが、人口に膾炙しているので以下ではこの名を用いる）。

2　血塗られた時代

聖徳太子は、今から一四〇〇年以上前に生まれた。父は、橘 豊日皇子（用明天皇）であり、母は、穴穂部間人皇女である。当時の大和朝廷は、対内的には、仏教の受容をめぐって大臣蘇我氏と大連物部氏との対立が深刻化しており、また対外的には、新羅に侵略された任那の復興や、百済や新羅の朝貢体制の維持強化が、最大の課題であった。

彼の名は、厩戸豊聡耳皇子。その名は、聖徳太子が聡明であり、訴訟の裁定に優れた能力をもつことに因んだものであるとの推測もなされている。『上宮聖徳法王帝説』（成立年不詳）によれば、八人の話を同時に聴くことができ、一を聴いて八を知ることができたとされる。この著名な逸話は、多くの人々から（同時か否かはともかく）話を聞くことの価値を象徴的に示しており、後に述べるように、太子の強烈な平等思想と十全な理解力を語り継ぐ伝承であるとも考えられる。

ともかく、当時は、いわば血塗られた時代であった。

五八七年（用明二年）には、蘇我氏が、対立していた物部氏を滅ぼした。太子は、蘇我馬子（？～六二六年（推古三四年）五月二〇日）の陣営に敏達系の王族とともに加わった。また、五九二年（崇峻五年）には、蘇我馬子が、用明天皇の死後自らもその擁立に関わった崇峻天皇を、確執の果てに暗殺した。太子にとっては、いずれも多感な一〇代に身近で生じた異常な事件であった。戦場に転がる多くの屍を太子も見たことであろう。また、太子は、蘇我大臣が、物部守屋（？～五八七年（用明二年））の妹である自分の妻を、謀に利用したといった噂も聞いたかもしれない。

11

しかし反面、そのような骨肉相食む闘争が行われた時代であったからこそ、後年における太子の思想が形成されたとも考えられる。「和を以って貴しとなす」という言葉で、太子が「十七条憲法」を書き起こさなければならなかった理由も、このような時代の文脈の中で明らかになる。

さて、推古天皇が五九三年（推古元年）に即位すると、太子は、皇太子・摂政となり、仏教を基調とした政治を行った。六〇一年（推古九年）には、斑鳩宮（いかるがのみや）の造営に着手し、六〇五年（推古一三年）には、斑鳩に遷宮した。六〇七年（推古一五年）には、小野妹子（生没年未詳）を隋に派遣し、隋との間で対等の国交を開き、留学生や留学僧を送り込み、大陸文化の摂取に努めた。また、国史の編修も行った。それ以後、彼は比較的安定した生活を送ることができた。

しかし、再び悲劇は訪れた。太子の死後二〇年余りが経って、太子一族は、斑鳩宮で蘇我入鹿に惨殺されたのである。

3 「法の支配」の起源としての「十七条憲法」

『日本書紀』（七二〇年）によれば、聖徳太子は、六〇三年（推古一一年）に、最初の冠位制度として「冠位十二階」を定めた。これにより、当時の隋を中心とした国際社会への参加も可能になったといわれている。翌六〇四年（推古一二年）四月に、太子は「十七条憲法」を制定した。和の尊重（第一条参照）に明らかなように、これは道徳的な訓誡であり、法ではないとする考え方もあるが、訓誡の形式を取らざるを得なかった王法の段階であったとも評価されている。そこに、法治主義の濫觴（らんしょう）が見られるのである。

そうだとすると、それは日本最初の成文法である。

「十七条憲法」の第一の目的は、「君」・「王」と「群卿百寮」・「王臣」・「群臣」との関係、つまり君臣間の新たな秩序を確立することであったとされる。内容的に見れば、それはたとえば、仏教を敬い君臣関係のあり方も規定した。新しい国家づくりを目指すためには、官の構成員である官吏一人ひとりの心構えを示すこと、すなわち、「人づくりの指針」を提示することが急務だった、とも考えられるのである。

また、「国司」・「国造」が、「百姓」・「民」に対して、苛斂誅求（かれんちゅうきゅう）を加えることを禁止し、「民」との

詔（みことのり）を承けて謹め、早く朝りて晏（おそ）く退でよ、人民を使役する場合には春から秋にかけての農繁期を避けよなどといった、官吏の心構えを示す服務規定であった。

4　「十七条憲法」に規定されていた「司法へのアクセス」の保障

亀井勝一郎は、太平洋戦争中に、戦地に赴く若い兵士の多くが携えて出征したと言われている『大和古寺風物詩』（一九四三年）の中で、「十七条憲法」を評して、次のように記している。

『十七条憲法』は治世のための律法でもなく、単なる道徳訓でもない。それらの意味をふくめてはいるが、むしろ太子自身の率直な祈りの言葉なのである。私はそう解する。」

なお、旧最高裁判所大法廷には、堂本印象による三種の聖徳太子にまつわる絵画が飾られていた。その中の一枚が、十七条憲法制定の場面を描いたものであった。

このような「十七条憲法」の中には、「裁判官の心得」あるいは「司法へのアクセス」（「正義・裁判へのアクセス」）の観点から注目すべき条項が見られる。それは第五条である。

「五に曰く、饕（むさぼり）を絶ち、欲を棄てて、明らかに訴訟を弁ぜよ。百姓の訟は、一日すら尚爾（しか）るを、況や歳を累ねてをや。頃のごろ訟を治す者、利を得るを常と為し、賄（まいない）を見ては讞（うったえかけ）（申立て）を聴く。すなわち、財有るものの訟は、石を水に投ぐるが如く、乏しき者の訴は、水を石に投ぐるに似たり。これを以て、貧しき民は則ち所由を知らず、臣道、亦焉に（またここに）闕（か）く。」

【現代語訳】「五にいわく、際限なく求める気持ちを断ち切り、欲望を捨てて、公明正大に、訴訟事件を判断せよ。人々が提起する訴訟事件は、一日に千件もある。一日でさえそうであるのに、年を重ねれば、より件数は増える。最近、訴訟を担当する者は、常に利益を得ることを追求し、賄賂をみて事件の審理に入る。すなわち、財産をたくさん持つ者の訴訟事件は、水に石を投げ込むように、すんなりと受け入れられ、貧しい者の訴訟事件は、石に水を投げつけるように、無惨に跳ね返され、審理に入ってもらえない。これによって、すなわち貧しい人民は、救済のよりどころが分からないことになり、公僕の道に欠けることになる。」

太子は、裁判を担当する者に対して、私利私欲を貪る（むさぼ）ることを禁じ、公明正大な訴訟運営を切望した。ここで念頭に置かれているのは、民事の裁判であろう。その背景として、数多くの「百姓の訟」が提起されていたことが窺われ、また、そこでは不公正な手続運営が行われていたことも推測される。しかも、賄賂が横行していたこと、その有無や多寡に応じて受理の可否や審理判断の結果が左右されたことも、また容易に推察できる。「十七条憲法」は、いわば当時の社会を映す鏡だったのである。

司法官に対する太子の激怒は、「財有るものの訟は、石を水に投ぐるが如く、乏しき者の訴は、水を石に投ぐるに似たり」という、極めて奇妙なしかし妙に得心の行く象徴的な比喩に示されている。すなわち、資力のある者の訴えは、あたかも石が水に吸い込まれるように受け容れられ、そこで思い通りの

勝訴判決を得ることができることになる反面、お金の無い者の訴えは、あたかも石に水を投げつけるかのように、無惨にも跳ね返され、悲願が打ち砕かれてしまう、と。

これでは、訴えを門前払いされたり、認められなかったりした貧しい者は、その拠り所を失ってしまうと、太子は憤激するのである。このような条項に、法的な強制力がどれだけ存在したか分からないが、各時代における法の多様なあり方を、そこに窺い知ることができる（なお、「和」の価値を説いた第一条には、身分の上下にかかわらず熟議をすれば自ずから理にかなった結果が導き出されると記されている。）。

これは、近代的な司法権というものが確立するはるか遠い昔のことではあるが、太子の司法観は簡明であり、その精神は今に通じる。現代の視点から見れば、「司法へのアクセス」・「裁判を受ける権利（憲法三二条）」の保障であり、「法の下の平等（同一四条）」という考え方が、司法への平等なアクセスと、公正な審理を要請するのである。しかも、さらに注目すべきは、司法という存在が、貧しい者にとっての頼れる場所とならねばならないという強烈な思いである。太子のこの言葉は、瞋恚に充ちている。

なお、ここで紹介した第五条には、「訴訟」という文字が見える。白川静『字統』（平凡社、一九九四年）によれば、「訴」とは、告げることを意味し、「訟」とは、公廷における争訟を意味するとされる。これは、『意見書』における、司法・裁判＝「公共性の空間」論へとつながる含意であろう。

の「民の竈（かまど）の煙」の話は牧歌的すぎるが、太子のこの言葉は、瞋恚（しんい）に充ちている。

『意見書』は、「二一世紀の我が国社会において司法に期待される役割」として、「法の支配の理念に基づき、すべての当事者を対等の地位に置き、公平な第三者が適正かつ透明な手続により公正な法的大きな論理の飛躍を許してもらえれば、太子の精神は、その『意見書』の趣旨にもつながると言えるのである。

仁徳天皇（生没年未詳、五世紀前半の天皇

ルール・原理に基づいて判断を示す司法部門が、政治部門と並んで、『公共性の空間』を支える柱とならなければならない。」とする。それに続けて、「法の下ではいかなる者も平等・対等であるという法の支配の理念は、すべての国民を平等・対等の地位に置き、公平な第三者が適正な手続を経て公正かつ透明な法的ルール・原理に基づいて判断を示すという司法の在り方において最も顕著に現れていると言える。それは、ただ一人の声であっても、真摯に語られる正義の言葉には、真剣に耳が傾けられなければならず、そのことは、我々国民一人ひとりにとって、かけがえのない人生を懸命に生きる一個の人間としての尊厳と誇りに関わる問題であるという、憲法の最も基礎的原理である個人の尊重原理に直接つらなるものである。」と敷衍（ふえん）する。

しかも、『意見書』は、「弱い立場の人が不当な不利益を受けることがないよう、国民の間で起きる様々な紛争が公正かつ透明な法的ルールの下で適正かつ迅速に解決される仕組みが整備されなければならない」と、論じるからである。そこには、国家にとって耳の痛い言葉が並んでいる。

なお、アダム・スミス（Adam Smith、一七二三年〜一七九〇年）の言葉を借りれば、かつて国家あるいは主権者である国王は、司法費用を、利用者または犯罪者から調達し、それを国家の収入の源泉としていた。たとえば、提訴者である原告が、「贈り物」を主権者に差し出したり、有罪判決を受けた者が、被害者に対する損害賠償金だけではなく、国家の秩序を乱した者として国家に対する「罰金」をも支払うことによって、国家は相当の歳入を得ることができたのであった。そのことは、当然の帰結として、司法の腐敗をもたらし、「裁判の独立」を毀損し、裁判の公正を害し、ひいては、裁判所に対する国民の信頼を失わせることとなった。

裁判＝司法権が、「政治の犠牲」にならないためのシステム設計が求められたのであった。

ちなみに、梅原猛は、「十七条憲法」の第五条を論じた後に、「私は、法というものは権力ある人、金のある人にむしろ苛酷でなければならないと思う。」とまで付言している。

また、カフカ『掟の門』にも、法・裁判へのアクセスの問題を考えるための興味深い小話が記されている（いつまで待っても開かない、田舎から来た男のための「掟の門」の話である。カフカの『審判』［一九二五年刊。『訴訟』とも訳されている］にも、同様の挿話が収められている）。

5 太子の基本思想と孤独感

さて、話を太子に戻そう。

太子は、仏教に深い理解を示し、法隆寺や四天王寺などの寺院を建立した。太子はいう、「正法を摂受せん」がためには、三つのものを捨てなければならない、と。

それは、身・命・財。

太子自身、摂受正法を解釈し註を付ける。すなわち、よく万行を摂り行うところの善と理にかない、邪に非ざるがゆえに法という。物の軌則となるがゆえに法という。それらを、摂取しなければならない、と。

美術史家の上原和は、太子が正法をものの規範・法則と理解していることに注目する。正法護持のための捨身・捨命・捨財といえば、ともすれば独善的かつ狂信的な宗教的情熱さえをも想像しがちであるが、それとは正反対のものであることを、上原は指摘するのである。彼は記す。太子は、「むしろ迷妄のほむらを吹き消し、醒めた知恵の鏡に照らし出された、合理・合法の、ものの規範と法則を守るために

こそ、死してなお悔いなし」と理解していた、と。

太子は、仏のみが真であり、仏の前においては、人は皆共に「凡夫」である（「十七条憲法」第一〇条参照）という徹底した平等観を有していた。それは、人と人との間だけではなく、国家と国家との間も共に平等であるという、強い信念に展開していったと考えられる。たとえば、法の下における平等、司法への平等なアクセスの保障、そして、隋との平等外交を志向した太子の基本姿勢等といった平等志向も、そのような信念に照らせば十分に理解できるのである。しかも、すでに人々の多様性_{ダイバーシティ}を尊重する姿勢さえ見られるのである。

なお、法隆寺が所蔵する玉虫厨子には、著名な「捨身飼虎、施身聞偈」（身を捨てて飢えた虎を養い、身を施して仏の教えを聞くという釈迦の前世の説話）の図が描かれている。

ところで、法隆寺の夢殿は、太子の旧居跡に建立されたという。その本尊は、不思議な名をもつ「救世観音」。明治の初め、アメリカ人の日本美術研究家、アーネスト・フェノロサ（Ernest Francisco Fenollosa、一八五三年二月一八日～一九〇八年九月二一日）によって布を解かれるまで、それは秘仏であった。アルカイック・スマイル（古拙の微笑）を湛えたその仏像は、太子の等身大の像とも言われている。しかし、その仏には、仏であるにもかかわらず、頭部と心臓部の背後には太い釘が刺されていたという。夢殿は八角円堂である。その種の建物が墓所に立てられたことから、それが太子の墓であり、太子の怨念を封じ込めるために建立されたという説さえ、唱えられているのである。

先に挙げた『大和古寺風物詩』の冒頭で、亀井は太子に言及している。夢殿の「救世観音」について、次のように記しているのである。

「百済観音のほのぼのとした鷹揚の調べとも、また中宮寺思惟像の幽遠の微笑とも異なり、むしろ野

18

性をさえ思わしむる不思議な生気にみちた像である。慈悲よりは憤怒を、諦念よりは荒々しい捨身を、唆（そその）かすごとく佇（ちょり）立している。太子はかの未曾有の日に、外来の危機を憂い、また血族の煩悩や争闘にまみれ行く姿を御覧になって捨身を念じられたのであったが、そういう無限の思いを、救世観音は微笑のかげに秘めているのではなかろうか。」

それに続けて、亀井は、太子の「救済への祈念」に言及している。

「今となってみれば、太子の一身をもって具現されたものは大乗の悲心であった。しかし仏法が伝来したが故に太子は大乗を修得されたというだけでは何事も語らぬにひとしい。仏法を宗派的なものに限定したり、乃至は外来の思想体系として知的に対したりするとき、歴史の根本は歪められるのである。たとい仏法は伝来せずとも、生の凄惨な流れに身を置かれた太子は、おのずから人生の苦しみに思いを傾け、真の救済について祈念せざるをえなかったということが大事なのである。」

かつて、会津八一（一八八一年〔明治一四年〕八月一日～一九五六年〔昭和三一年〕一一月二一日）は、その夢殿の救世観音の前で詠んだ。

「あめつちに　われひとりゐて　たつごとき　このさびしさを　きみはほほゑむ」

この歌は、古代日本の冷血な時代、しかも不平等な時代に、理想主義的な考え方で、新たな国のかたちや司法の創造を夢見た太子の孤独な心に、思いを至らせてくれる。ただ、それでも、太子の理想を思うとき、現代に至る庶民の「太子信仰」は、現代国家のあり方さえも考えさせる。それが、死の影の下に日常があったとも思える時代の「救いのかたち」だったからである。

このように、太子は、裁判、とりわけ民事裁判の手続が、すべての人々に公平かつ平等に開かれていることを希求した。このような「司法へのアクセス」の議論は、時を経て、現代における民事訴訟・民事裁判、ひいては裁判（訴訟）外紛争解決手続（ADR: Alternative Dispute Resolution）等の紛争解決システムへのアクセスや、さらには、弁護士・司法書士等の法律実務家へのアクセスの議論にも受け継がれている。それは、いわば、人々や企業にとっての「法のライフライン」あるいは「法的セーフティネット」の保障と展開の議論につながり発展する契機を有しているのである。

私は、学生時代、『斑鳩の白い道のうえに』（一九七五年）を読んで、聖徳太子という日本史上「稀有な理想主義的政治家の悲劇」を知った。この本は、白血病で急逝した深代惇郎（ふかしろじゅんろう）の「天声人語・絶筆」にも引用されている。深代は記す。「権力に狂奔し、怨霊におののく古代人たち、いつかもう一度、法隆寺を訪ねてみたい。」と。私も、高校時代によく奈良を訪ねた。少し心にゆとりができれば、もう一度法隆寺を訪ねてみたい。それも、できれば、堀辰雄が『浄瑠璃寺の春』（一九四三年）で描いた馬酔木の白い花の咲く春に。

【歴史の寄り道①】歴史の中の「正義・司法へのアクセス」論

聖徳太子の時代から、日本では「正義・司法へのアクセス」は喫緊の課題であった。

世界的に見て、正義・司法へのアクセスの問題が深く認識されるようになったのは、半世紀近く前のことである。その世界的な展開過程は、以下のような三つの段階を経て、現在第四段階に達している。すなわち、第一段階は、権利侵害を受けた者が貧困者であっても金銭面で裁判を受ける権利が保障されるように（〔貧困者のためのリーガル・エイド（法律扶助）〕が保障されることを目指す段階であり〔貧困者のためのリーガル・エイドの確保・拡充段階〕）、第二段階は、消費者被害や環境被害等の拡散的な被害から人々をいかにして救済するかを考案する段階であり

20

「（拡散的被害者の集団的救済段階」）、第三段階は、従前の民事訴訟による救済の拡充とその実効性確保に加え、ADRによる救済をも含む「正義・司法の総合システムの構築」を目指す段階（「ADRを含む正義・司法の総合システムの構築段階」）が、一般的に認識されるようになったのであり、現在では、民事裁判のICT（Information & Communication Technology）化が大きな課題となっている。

これは、誰でもいつでもどこからでも民事訴訟・民事紛争解決手続にアクセスできることを可能にする議論であり、太子の時代から考えれば隔世の感がある。太子の一四〇〇周忌を迎えた現在、その「平等」の考え方は、民事紛争解決手続の局面でも着実に具体化されているのである。なお、本年は、同じく平等思想を説く『法華経』に心惹かれた伝教大師最澄の一二〇〇周忌でもある。それは、平等な救済志向を示す圓光大師法然などに引き継がれて行くことになる。

「平等」といえば、西欧近代法の所産のようにも思われがちであるが、日本でも古くからその精神の萌芽は確かに見られたのである。

【参考文献】
・上原和『斑鳩の白い道のうえに：聖徳太子論』（朝日新聞社、一九八四年〔初版、一九七五年〕）
・上原和『聖徳太子：再建法隆寺の謎』（講談社、一九八七年）
・上原和『世界史上の聖徳太子：東洋の愛と智慧』（日本放送出版協会、二〇〇二年）
・梅原猛『隠された十字架：法隆寺論』（新潮社、一九七二年）
・梅原猛『百人一語』（新潮社、一九九三年）
・加藤周一『日本文学史序説（上）』（筑摩書房、一九七五年）
・亀井勝一郎『大和古寺風物詩』（新潮社、一九五三年〔初版、一九四三年、改版、一九六八年〕）
・河上麻由子『古代日中関係史』（中央公論社、二〇一九年）
・川嶋四郎『民事訴訟過程の創造的展開』（弘文堂、二〇〇五年）
・川嶋四郎『民事訴訟の簡易救済法理』（弘文堂、二〇二〇年）

・川嶋四郎＝笠原毅彦＝上田竹志『民事裁判ICT化論の歴史的展開』（日本評論社、二〇二二年）

・小路田泰直＝斉藤恵美『聖徳太子像の再構築』（教文舎、二〇二二年）

・桜井満訳注『万葉集（上）』（旺文社、一九七四年）

・田村圓澄『聖徳太子：斑鳩宮の争い』（中央公論社、一九六四年）

・深代惇郎『天声人語(八)』（朝日新聞社、一九八一年）

・堀辰雄『大和路・信濃路』（新潮社、一九五五年）

・水林彪＝大津透＝新田一郎＝大藤修『法社会史』（山川出版社、二〇〇一年）

・村上一博＝西村安博編『史料で読む日本法史〔新版〕』（法律文化社、二〇一六年）

・山畠正男＝福永有利＝小川浩三『法のことわざと民法』（北海道大学出版会、二〇一六年）

・アダム・スミス（大内兵衛＝松川七郎訳）『諸国民の富(一)～(五)』（岩波書店、一九五九～六六年〔原著、一七七六年〕）、等。特に、第四巻を参照。

・マウロ・カペレッティ＝ブライアント・ガース（小島武司訳）『裁判へのアクセス』（有斐閣、一九八一年〔原著、一九七八年〕）、等

■第1章　扉写真

聖徳太子ゆかりの法隆寺。十七条憲法のレプリカが土産品として販売されている（店員さんに尋ねたところ、頻繁に売れるものではないという）。（筆者撮影）

第2章 鎌倉司法と阿仏尼の思い

■「東の亀の鑑」と統治の真髄

「遅滞した正義は、正義の拒絶に等しい（Delayed Justice, Denyed Justice）」という法諺に示されるように、古くから、民事裁判に遅延はつきものであり、それによって、多くの紛争当事者が犠牲になってきた。それは洋の東西を問わない。

今に続く司法改革の具体化の過程で、当時の首相が、ある川柳を引き合いに出して迅速な裁判の具体化を促した。

「思い出の 事件を裁く 最高裁」

その司法改革の基本指針が示された『司法制度改革審議会意見書』でも、民事裁判および刑事裁判について、その第一の改善目的は、「裁判の迅速化」であった。

今から七〇〇年以上の昔、判決を待ちつつ旅先で亡くなった歌人がいた。本章では、鎌倉時代に、相続をめぐる訴訟のために、京からはるばる鎌倉まで出向き、いつ言い渡されるとも知れない判決をひたすら待ち続け、家族の行く末を想いながらその地で没した阿仏尼と、彼女が著した『十六夜日記』を素材としたい。

1 阿仏尼の民事訴訟への希求

かつて、ある法制史家は、鎌倉時代の司法を評して次のように記した。「北条氏が陪臣の身をもって、よく一五〇年の間の天下を保ち得たのは、全くその裁判が公平であって、人民のための政治をしたからである」、と。

その評価の当否は困難な課題であるが、ただ、そのような公平な裁判を求めて、阿仏尼（安嘉門院四条。一二二二年〔貞応元年〕頃～一二八三年〔弘安六年〕四月八日）は、鎌倉までの長い旅に駆り立てられたのかもしれない。彼女が著した『十六夜日記』（一二八三年頃）は、日本の日記文学・紀行文学の中でも、特異な性格をもつ。それは、訴訟（相論）を行うための東下りだったのである。

本章では、そこからおぼろげながら見えてくる鎌倉の司法を一瞥して行きたい。

ところで、阿仏尼の生涯は、必ずしも詳らかではないが、一七歳の頃に、尼になるべく剃髪したことが知られている。しかし、尼寺では、修行に明け暮れながら、ひっそりとした生活を送っていたというわけではなかった。二〇代には、ある男との間に一男一女をもうけたという。彼女の女房名は、安嘉門院四条。若かりし頃の失恋の顛末を描いた日記『うたたねの記』（一二四九年頃）も残している。

阿仏尼は、三〇歳の頃、藤原定家（一一六二年〔応保二年〕～一二四一年〔仁治二年〕八月二〇日）の息子の為家（一一九八年〔建久九年〕～一二七五年〔建治元年〕五月一日）と出会う。定家といえば、『明月記』を残し、また、『新古今和歌集』の撰者ともなり、『新勅撰集』を一人で編んだことでも有名である。為家は、阿仏尼に歌道の才があり、源氏物語に造詣が深いことに感銘を受け、いわば秘書役として、

彼女を雇った。その後、二人は契りを結び、阿仏尼は、為相、定覚、為守の三人の男子に恵まれることになる（為家と言えば、その筆跡に感動したことがある。二〇一七年秋に開催された京都国立博物館開館一二〇周年記念特別展覧会・国宝展で、私は、為家筆『土佐日記』〔兵庫・大阪青山歴史文学博物館所蔵〕に接したが、そのあまりに流麗な筆致に目が釘付けになったことがある。）。

阿仏尼は、和歌を詠む際の心得を初心者向きに論じた『夜の鶴』（『阿仏口伝』、『夜鶴抄』とも呼ばれる。）を残しており、和歌の世界では、多大な尊敬を集めていたという。ただ、その歌は、やや技巧的すぎるとの批判もある。

たとえば、『十六夜日記』から、一首引いてみよう。

「たづねきて　わが越えかかる　箱根路を
　　山のかひある　しるべとぞ思ふ」

（正しい道を求め来て、今私が越えようとする箱根路は、山の峡にありますが、それを今度の旅の効ある先達と、頼もしく存じます。……後掲の森本訳による）

これは、阿仏尼が婉曲的に勝訴を祈願した歌である。「山のかひ（峡）ある」は、彼女の人生の大きな山場ともいうべき事件で「効（かひ）ある」ことと掛けており、「しるべ（標）」は「路」の縁語であり、「たづね」来たのは、坂東への路だけではなく、彼女にとっては、彼女が考える「正義」すなわち「勝訴」への路だったのである。

2 裁判に向かう阿仏尼の『十六夜日記』

阿仏尼の訴訟は、相続財産の帰属をめぐるものであった。

為家は、その所領の一部である細川荘（現在の兵庫県三木市細川町の一帯）を、いったん息子の為氏に譲ったが、それを為氏から取り返して〔悔返し〕を行って）、為相に与えるという内容の遺言書を書き、ほどなくして没した。家伝の和歌や文書などは、為家は為相に与えた。ところが、為氏は、為家の死後も細川荘を為相に渡そうとしなかった。当時、武家社会の法は、悔返しを有効としていたが、公家社会の法では、認めていなかったと主張し、為氏は、後者の法を根拠として、土地の引渡しを拒否していたのである。

さて、『十六夜日記』の書き出しは揮っている。それを現代語で示せば次の通りである。

〈昔、壁の中から探し出された書物の名前を、今の世の中の子どもは、少しも我が身に関するものとは知らなかった。亡き夫が、繰り返し書き残してくれた書面のその筆跡は、真正なのだが、思い返すに、甲斐のないのは、親のいさめであった。〉

日記の冒頭、阿仏尼は、自分の子為相に亡夫が遺贈してくれた所領を、その継子で長兄の為氏（正妻の子）が、「押領」したことを、巧緻な雅文で表現した。そして、壁の中から探し出された書物、すなわち『孝経』の説く「孝道」が、今では廃れてしまったことを嘆いているのである。

26

そして、なぜ、亡夫が、自分たちに所領を残してくれたかについて書き継ぐ。

〈和歌の道は、真情が少なく、浅はかな戯れごとと思う人もあるかもしれないが、しかし、そもそも和歌は、日本の国の開闢以来、四方の神々の神楽の言葉を初めとして、世を治め、人々の心を和らげるための触媒となった。

その歌道の家を守るために、自分の三人の息子たちは、深い縁によって、数多くの歌の書などを預かってきたのであり、亡夫は、「歌道の振興に助力し、子どもたちを養育しながら、自分を弔ってくれ」と言って、深い約束のもとに、播磨の国の「細川荘」を残してくれた。それにもかかわらず、今では、あたかも「細川の流れが故なくせき止められるように」、「細川荘」が、為氏に力ずくで奪われてしまったので、亡夫の法要もできず、歌道を守ることさえもままならず、不安な生活を過ごしている。

わが身ひとつはどうなろうとかまわないが、子どもたちを思う親心としては、しかし、耐えられず、また、歌道の将来についての心配も、晴らしようがない。それゆえに、「東の亀の鏡」、すなわち鎌倉幕府に提訴すれば、理非曲直も明白になるのではないかと思う。そのように決心して、すべての憚りごとをも忘れて、わが身はもう無用のものと捨ててしまって、「いさよふ月」に誘われて、弘安二年〔一二七九年〕、鎌倉への訴訟の旅にでようと思った。〉

「東の亀の鏡（鑑）」とは、東国の亀鑑、すなわち鎌倉幕府の正しい裁判を意味する。「亀鑑」の「亀」とは、昔、その甲を焼いて吉凶を占ったものであり、「鑑」は「鏡」をいい、亀鑑とは、人の行いの手

本を意味する（ちなみに、アメリカでも、正義の女神像とともに、亀も正義・司法の象徴と考えられている。裁判所の機能自体が、slow & steady に社会的役割を果たすからである。これは、イソップ寓話の『ウサギとカメ』に由来するようである。）。

阿仏尼は、このように鎌倉司法を信じて、悲痛な思いを胸に、冬の初めに京を旅立ったのである。彼女は、当時、五〇歳の半ばを過ぎていたと考えられている。

ただ、興味深いことに、このような相論のための鎌倉下向という民事紛争の解決手段は、ひとり阿仏尼のみがとったものではなく、むしろ比較的一般的なことであり、訴訟のために京や鎌倉の法廷まで女性が旅した例は、数多く見出されるとの研究も明らかにされている。

3　鎌倉時代の司法制度

鎌倉時代の司法の特徴は、民事訴訟制度の急速な発展にある。

それ以前の時代には、司法あるいは裁判といえば、刑事裁判が中心であった。それは、前章で触れた「律」に象徴されている。しかし、北条氏は、鎌倉御家人が、頼朝（鎌倉殿）から土地を与えられたこともあって、民事裁判、とりわけ土地をめぐる争いの解決にも熱心に取り組んだ。

三代執権、北条泰時（一一八三年〔寿永二年〕〜一二四二年〔仁治三年〕六月一五日）は、遊宴をやめて倹約を旨とし、百姓の訴えをよく聴いて善政を敷いたとされる。泰時は、一二三二年〔貞永元年〕に「御成敗式目（貞永式目）」を制定した。その制定の趣旨は、泰時が京の六波羅探題を務める弟の北条重時に送った書状に記されている。それによれば、同様の訴えで強い者が勝ち弱い者が負けるといった不公平を無くし、身分の上下にかかわらず、依怙贔屓無く公正な裁判をする基準として、この式目を制定した

28

という。そして、泰時は次のように述べている。

〈京都辺りでは、あずまえびすが何を言うと笑う人があるかも知れず、または、すでに立派な律令があると反論されるかもしれない。しかし、田舎では律令の法に通じている者など万人に一人もいないのが実情である。このような状況で律令の規定を適用して処罰すれば、あたかも獣を罠にかけるようなものである。この『式目』は、仮名しか知らない地方武士のために作られた法律であり、人々が安心して暮らせるようにとの『道理』に基づくものである。〉

このような趣旨を実現するために、泰時は、鎌倉に新たに「評定所」を設けて評定衆を置き、執権政治の基礎を確立したのである。その目的は、いずれも民事訴訟の活性化と迅速化を図ることにあったとされている。その裁判は公平であり、それが一〇〇年以上に及ぶ北条政権の維持存続を可能にしたと、後年評されているのである。

泰時は、栂尾高山寺の　明　恵上人（一一七三年〔承安三年〕～一二三二年〔寛喜四年〕一月一九日）から教えを請い、その訴訟観を形成したとされる。『太平記』によれば、明恵は、泰時に対して次のように語ったという。

〈まず、為政者が率先して無欲になるならば、それを見て万人も、いつしか無欲になる。民が欲の深い訴訟を申し立てて来たならば、まだ自分が無欲に徹し得ないので、民もそのような訴えを提起するのであると、自省すべきである〉、と。

このように、訴訟というものが、幕府にとっては決して嫌忌すべき対象ではなく、民の声の表出であ

るという明恵の見方は、現代の視点から見ても卓抜したものであり、現在の統治システムにおける司法のあり方をも示唆しているようである。ただ、訴訟というもの自体が、必ずしも肯定的なものとして捉えられていないのは、昔も今も変わらないようである。

さて、鎌倉時代の裁判は、三種類に分けられる。「所務沙汰」、「雑務沙汰」および「検断沙汰」である。

第一の「所務沙汰」とは、御家人らの所領をめぐる争訟（土地関係訴訟）に関するものであり、民事訴訟の一種である。第二の「雑務沙汰」とは、たとえば、売買、質入れ、貸借、田畑および奴婢等に関する裁判であり、いわば純粋な民事訴訟である。第三の「検断沙汰」とは、たとえば、謀叛、夜討ち、強盗、窃盗、山賊、海賊、殺害、刃傷、放火、狼藉および刈田等に関する刑事裁判をいう。

鎌倉時代には、京と鎌倉の政所で、「検断沙汰」は、京と鎌倉の侍所で処断された。また、地方の「雑務沙汰」は、原則として、地頭や代官が審理判断し、「検断沙汰」は、守護がこれを処断した。これらに対して、「所務沙汰」は、幕府の政事にとっての重大事件であったので、これを管轄し審理判断できるのは、鎌倉と京の六波羅の引付方のみであった。この「引付方」を設け、「引付衆」を置いたのが、後述する北条時頼であった。

このような民事訴訟の重視は、明治の初めに江藤新平（→第7章）が描いた国家像にも共通する側面があり、庶民の法的救済や庶民の生活の安寧に民事訴訟が果たす役割の大きさを窺うことができる。日本史における民事裁判の重視の起源は、中世、鎌倉時代にすでに見出すことができるのであり、その法源となったのが、「御成敗式目」である。当時の司法には、民事・刑事の分離および実体法と手続法の峻別は必ずしも存在しなかったようであるが、この法典は、手続法を充実させた点でも、重要な意味を

もっと考えられる。

完成された段階での鎌倉司法は、書面審理が中心であった。「対決」、すなわち、現在の裁判になぞらえれば、民事訴訟の口頭弁論は、書面審理の補完として行われたにすぎないとされている。原告は、「訴人」と呼ばれ、被告は、「論人」と呼ばれた。

当時の訴訟では、六波羅探題に係属した訴訟事件の多くが、いわば準備手続を終了した後に、鎌倉に移送され、そこで審理判断がなされたことも明らかにされている。ただ、阿仏尼の訴訟事件が、このような手続を践んだ後に鎌倉へ移送されたのか、それとも当初から鎌倉に提訴されたのかなどは明らかではない。

一般に、当時の訴訟審理には、「三問三答」の原則が存在した。互いに三回にわたり訴陳状を交換し合うので、このように呼ばれた。つまり、訴人と論人が、交互かつ順番に、訴状、陳状（初陳状）、再訴状（重訴状）、再陳状（重陳状）、三訴状および三陳状を、それぞれ取り交わし、途中で「和与」すなわち和解が成立しなければ、それらに基づいて、「裁許」すなわち判決が下されたのである。その際には、証人は召喚されなかった。ただ、判決に対する不服申立ての制度は存在した。

なお、「和与」とは、絶妙な表現である。和解とは、互譲を要件とする契約であるが、同時に紛争を終結させる契約でもある（民法六九五条参照）。しかし、互譲は、相互に譲り合うことであり、やや消極的な意味合いを帯びる。しかし、「和与」は、与える意味合いを含む積極的な表現である。いわば和やかに与えるのである。紛争という負のイメージをを、与える、与え合うことにより紛争を解決するというプラスのイメージに転換することにより紛争を解決する知恵、すなわち合意による解決手続が、日本の中世に存在したことは、将来志向的な紛争解決のあり方を考える上でも示唆的である。

しかも、「三問三答」の原則に見られる三回にわたる弁論の機会の保障は、近時の民事訴訟審理における実定法化された計画審理（民事訴訟法一四七条の二以下、一五七条の二）を連想させる。それ自体、訴訟促進の方策なのである。しかも、三回の審理で結論を出す手続形式は、司法改革の一環として、個別労使紛争の解決手続として創設された労働審判手続の審理構造（労働審判法一五条参照）をも想起させる。

また、犯罪被害者損害賠償命令手続も、四回以内の審理で結論を出す制度である（犯罪被害者保護法一七条以下参照）。人間の知恵の普遍性の一端さえ垣間見ることができるのである。

4　北条時頼の諸国行脚

ところで、北条泰時が確立した司法を通じた統治という新たな制度も長続きはしなかった。

司法の信頼回復に腐心したのが、五代執権、北条時頼（一二二七年〔嘉禄三年〕五月一四日～一二六三年〔弘長三年〕一一月二二日）である。『太平記』によれば、時頼は、三〇歳で執権職を譲り、諸国の民情を探り、「守護地頭の奸曲（かんきょく）（悪事）」を調査するために、僧の姿に身をやつして全国各地を巡り歩いたとされる。時頼の廻国伝説である。その際の佐野源左衛門常世の「鉢の木」の逸話は著名であるが、ここでは、当時の「訴訟」の一端を知る手がかりとして、「摂津難波のある尼僧の話」を紹介したい。

ある日、時頼は、日の暮れた後、難波のある茅屋に立ち寄った。その主は年老いた尼僧。彼女は、泊めたいのだが、貧しくて十分な食事も出せないので、それを固辞した。しかし、時頼は、敢えて頼み込んで泊めてもらうことにした。その尼僧の炊事の手つきがぎこちなかったので、時頼は、召使いはいないのかと翌朝のことである。

尋ねた。すると、その尼僧は涙ぐみながら、時頼に身上を語った。尼僧は、先祖代々の所領を有していたが、夫と子どもに先立たれたことにつけ込んだ地頭が、その所領を押領したのだという。彼女一人では、訴訟もできず、貧窮のうちに二〇年余を過ごしていたと語ったのである。

時頼は、卓の上に立ててあった位牌を手に取り、その裏面に和歌を認めた。

「難波潟　潮干に遠き　月影の　またもとの江に　澄まざらめやは」

諸国の行脚を終え鎌倉に戻った時頼は、この位牌をもつ尼僧を捜させた。そして、本領をその尼僧のために取り返し、さらに、非道を行った地頭の領地をも没収し、この尼僧に与えたという。

この話が実際にあった話かどうかは分からない。現代の視点から見れば、「片言訟を論ぜず」との大原則が脳裡をよぎる。適正手続（デュー・プロセス）の保障の有無の問題である。たとえば、地頭の領地を没収する前に地頭の言い分を聴いたか否かなど、「処置」の公正さに問題が投げかけられるかもしれない。実体法的には、時効も問題になり得るであろう。

しかし、江戸期の初めの水戸光圀の「漫遊」の話にも共通するこのような逸話は、当時の庶民の悲願の表われだったのであろう。時頼の諸国巡回やこの逸話の真否はさておいても、当時全国各地に係争事件が多く、また、それが必ずしも公正に解決されてはいなかったことなどを、示しているように思われる。また、その尼僧のように、たとえば泣き寝入りせざるを得なかった事例なども少なくなかったに違いなく、それだけに、鎌倉司法への庶民の期待には、大きいものがあったのではないだろうかと憶測することができるのである。

5　日本中世の女性像

話を鎌倉期の女性に戻そう。

あまりにも唐突な連想であるが、アメリカ映画には、輝く女性を描いたものが少なくない。ごく僅かな例であるが、たとえば、『ノーマ・レイ（一九七九年）』、『プレイス・イン・ザ・ハート（一九八四年）』、『八月の鯨（一九八七年）』、『カラー・パープル（一九八五年）』、『フライド・グリーン・トマト（一九九一年）』、『ドライビング・ミス・デイジー（一九八九年）』、『マグノリアの花たち（一九八九年）』、『プリティ・リーグ（一九九二年）』、『ペリカン文書（一九九三年）』、『コールド・マウンテン（二〇〇三年）』、『スタンド・アップ（二〇〇五年）』、『チェンジリング（二〇〇八年）』、『ビリーブ（二〇一八年）』、『RBG最強の八五才（二〇一八年）』、などを、挙げることができる。

鎌倉期もよく似ている。阿仏尼もそうであり、建礼門院右京大夫（一一五五年〔久寿二年〕〜一二二三年〔健保元年〕一二月一三日。『建礼門院右京大夫集』の作者）、中務内侍（中務内侍日記』の作者）、弁内侍（弁内侍日記』の作者）、そして北条政子（一一五七年〔保元二年〕〜一二二五年〔嘉禄元年〕七月一一日）たちも、そうである。

時頼の逸話は、また当時の女性の地位をも示している。最近の研究では、当時の女性は、夫の生存中でも、所領の知行を行い、家中の雑事を取り仕切る権利を有しており、再婚の後も、再婚先の所領の管理を行い、家中の雑事を行っていたとされる。そのことは、「御成敗式目」にも明記されている。そこでは、女性の人格、すなわち権利義務の帰属主体となることができる資格が認められており、所領を譲

り受けたり、賜ったりすることも、少なくなかったのである。また、女性は、訴訟の当事者にもなることができたのである。

鎌倉期の前半において、女性は、親や夫から相続して、所領を有する場合だけでなく、女性自身が評価を受けて、所領を得たり、地頭職に就いたりする場合も多かったと、指摘されているのである。

しかし、鎌倉期も時代が下るにつれて、女子の相続分は減少した。そして、元寇以後、「異国警護」が終わるまでは、所領を「女子に譲るべからず」、「男子なくば、親類をもって養子となし、これに譲るべし」として、女子への譲与が禁止されてしまった。

なお、女子への譲与制度は、父母が、その女子の将来の生活を心配したからではないかとも推測されている。形態としては、完全に譲与するものもあれば、一定の期間を限定して譲与する例も見られたという。

このような鎌倉期の女性像を考えた場合に、阿仏尼の行動は、決して突飛なものではなかったと評価できるかもしれない。たとえば、歌人である二条院讃岐(さぬき)は、一二〇七年(承元元年)、伊勢国の所領に関する訴訟のために、京から鎌倉に下向し、目的を達成して帰京した。讃岐は、当時、七〇歳近かったという。阿仏尼の周辺でも、地頭の妨害を停(ちょう)止(じ)させるために、執権北条泰時に直訴して成果を得た、俊(しゅん)成(ぜい)卿(きょう)女(のむすめ)も、存在したのである。

6　「細川の荘」をめぐる裁判の行方

さて、阿仏尼は、『十六夜日記』を長歌で締めくくっている。それは、阿仏尼自身の懊悩の表現でもあった。また、その内容は、特に子の為相に細川の荘を与えてほしいというメッセージであり、しかも、

そこには、彼女の訴訟事件について、幕府から何ら満足の行く判決を得ることなく歳月が流れたことに対する婉曲的な憤りさえも含んでいる。

ドナルド・キーンは、「その裁定を無為に待ち暮らして、阿仏は鎌倉に四年も滞在したのである。明らかに日本の裁判は、北条執権の時代も、今日と同じく時間がかかったものと見える」、と記している。

阿仏尼は、その生前には、判決を得ることができなかった。民事裁判のそのような遅延は、元寇の前後といった時代背景があったのかもしれない。阿仏尼の死後には、為相自身が鎌倉に下った。そして、鎌倉を本拠として、古典を教え和歌の指導をしながら判決を待ったという。芸が身を助けたのである。

最終的に、細川の荘が冷泉（藤原）為相に与えられたのは、阿仏尼の死後三四年も経てからのことであった（その後、細川庄は数奇な運命を辿ることになる。戦国時代には、冷泉家がその地に居館を設け自ら管理したが、織田信長に反旗を翻した別所長治によって冷泉為純は殺害された。生き残った子孫の一人が藤原惺窩（一五六一年〔永禄四年〕〜一六一九年〔元和五年〕である）。日本における訴訟の遅延は、すでにこの時代に存在し、訴訟による救済を求める人々は、迅速な裁判を、希求したのであった。

二〇〇一年〔平成一三年〕の『司法制度改革審議会意見書』に盛り込まれた迅速な裁判の要請を具体化するために、二〇〇三年〔平成一五年〕には「裁判の迅速化に関する法律（裁判迅速化法）」が制定された。これは、民事裁判および刑事裁判の迅速化を、ともにその射程に入れ、第一審の訴訟手続について、二年以内のできるだけ短い期間に終結させることを目標とし、これを実現するために、訴訟手続等の充実と整備、法曹人口の大幅な増加、裁判所および検察庁の人的体制の充実、国民にとって利用しやすい弁護士の体制整備等が実施されるべきであると規定したのであった。裁判の迅速化は、裁判の充実なくしてあり得ないとも考えられるが、ともかく、この法律の制定の成果については、二年ごとに最高

裁判所によって検証が行われており、その結果が報告書として公表されている（最高裁判所のホームページにも掲載されている。https://www.courts.go.jp 参照）。

さて、阿仏尼に戻ろう。

ドナルド・キーンは、阿仏尼についてユーモアを交え、「その時天上の阿仏は、その勝利を祝って、和歌を一首詠んだに違いない。ただしその歌には、掛詞が、少なくとも二つはあっただろうことは請け合ってもよい」、と記している。

阿仏尼は、『十六夜日記』を残した。それは、鎌倉日記文学として記憶されるだけではなく、その時代に、公平な裁判で統治権を維持できたとも評される執権政治における、遅滞した訴訟審理の状況を今日に伝える点でも興味深い。いつ言い渡されるか分からない訴訟の結果を、住み慣れた都を遠く離れて鎌倉の地で待ち続けざるを得なかった阿仏尼の心境は察して余りある。遅滞した裁判は、確かに、裁判の拒絶なのである。また、判決の言渡し日が予め予想できる「計画審理」も、利用者にとっては重要になると考えられる。

確かに、土地の帰属をめぐる争訟が、文学作品を生み出す契機を作ることになったが、しかし、当時の訴訟プロセスは、当事者にとって予見可能性があるものでも、また、可視的なものでもなく、いつ終わるとも知れないものであった。この残された古い日記は、歌人の感性を通して、訴訟にかける当事者の切実な願いと訴訟手続のあるべき姿を現代人に考えさせてくれる。ただ、民事訴訟の研究者の立場から考えて残念なのは、訴訟の相手方である論人、為氏の主張や証拠、そして為氏とのやりとりについては、その日記にはほとんど記されていない点である。

後世、阿仏尼は、「専横の振る舞いが多かった」とか、「気性の激しい女性」であったとか、さらには

「悪女」であったとの批判にさえさらされている（ちなみに、日本語には「悪男」という言葉はない。「悪人」という言葉自体が、それを指したからであろう）。しかし、もしその批判の中に訴訟のために鎌倉に向かったことに対する消極的な評価が混じっているとすると、それは必ずしも適切な批評ではないであろう。

現代的な視点からは、自力救済を回避して（あるいは、それができずに、いわば最後の手段として）、むしろ、訴訟を通じて正義の実現を図ることは、正当に評価されるべきである。しかも、当時では高齢の女性を鎌倉行きに駆り立てた「東の亀鑑」すなわち「鎌倉司法」の存在こそ、時代的な制約を超えて評価されるべきであろう。

なお、阿仏尼の歌道への思いも、後に為相が、冷泉派の歌学の基礎を築いたことで、遂げられたことを、本章の最後に記しておきたい。ちなみに、冷泉家は、同志社大学今出川校地に隣接して今に残る。

鎌倉で亡くなったとされる阿仏尼の墓は、鎌倉の英勝寺にある。また、京都の大通寺にも墓がある。

7　中世の民事裁判と道理

『御成敗式目』を制定した北条泰時については、その裁判の例が、『沙石集』（一二七九年（弘安二年）～一二八三年（弘安六年）に見られる。それは「道理」による裁判である。

「下総の國のある地頭、領家の代官と相論の事ありて、鎌倉にて対決す。泰時の御代官の時なり。重々の訴陳の後、領家の方に肝心の道理を申し立てたる時、地頭手をはたと打ちて、泰時の方へ向ひて、あらまけやといふ時、座席の人どもはとわらひける時、泰時うちうなづきて、いみじくまけ給ひ

ぬるものかな。泰時御代官として、年久しく成敗仕るに、いまだかくのごとくの事承らず。あはれまけぬるときこゆる人も、かなはぬものゆえ、ひとことばも陳じ申す習なるに、我とまけ給へる事めづらしく侍り。前の重々の訴陳は一往さもときこゆ。今領家の御代官の申さるるところ、肝心と聞ゆるに従ひて、陳状なくまけ給へる事、返々いみじく聞え侍り。正直の人にて御坐しけりとて、うちなみだぐみて感じ申されければ、笑ひつる人々みなにがりてぞ見ける。」

これは、未進分年貢（未払年貢）の支払請求訴訟において、「対問」（口頭弁論手続）が行われた際に、代官（原告）の請求には「道理」があるとして、地頭（被告）が譲歩（請求の認諾）した事案である。この地頭の行為を潔いとして、泰時は、代官に未進分年貢の免除を勧めたところ、代官が、「六年分の未進を三年分に減額する。」との内容の「和解（和与）」を受け入れるに至った話が、そこには記されている。このような「当事者の意思」あるいは「合意」による紛争解決は、現在の視点からは、訴訟上の和解の奨励（請求の認諾後でも）であり、現在の民事訴訟法二七五条の二（和解に代わる決定）や三七五条（支払猶予判決）の制度などをも想起させる。

この事案からは、『式目』の本音と建前といったアンビバレントな基本方針が窺われると指摘されている。まず、理非の究明が公正な姿勢で貫かれるべきことが示されつつも、その上で、互いに「譲歩」する態度が求められることや、そもそも争うことを良しとしない考え方が、そこには見られるのである。〈練達した奉行人は「和与」による解決が行われることを前提に考えるが、不慣れで思慮浅い奉行人は性急に勝敗を決しようとする傾向にあること〉などである。このような傾向の背景には、そもそも理非の究明（事実認定とその法的判断）には困難性が伴うこと、また、訴訟の判決で黒白が付けられれば、後

腐れが生じかねないことなどが考えられる。

8 『太平記』が語る裁判官の姿

鎌倉幕府の滅亡から南北朝時代の終わり頃までの約半世紀の絶えず血湧き肉躍る軍記物であるだけではなく、裁判や裁判官のあり方をも考えさせられる逸話を含んでいる。全四十巻の物語も終わりに近い第三八巻の「北野通夜物語」では、三人の男たちが理想の政道を語っている。一人は、かつて鎌倉幕府の引付頭人・評定衆（訴訟審理の担当役人・幕府の決定機関の最高職）の席に連なっていた遁世者であり、もう一人は、書を読みつつ心を慰めている没落貴族の雲客（殿上人）であり、さらに一人は、天台の教えを学ぶ痩せて疲れた法師である。

遁世者は、北条時宗・貞時に仕えた青砥左衛門の廉直さについて語る。日頃は質素な生活をし衣服も粗末なものを身につけていたが、公務にはお金を惜しまず立派な出で立ちで臨んだ。飢えた乞食や疲れた訴訟人を見れば、その状況に応じて、米、銭や絹布を与えた。

他の奉行と共に、青砥左衛門は、得宗領で生じた訴訟事件を担当することになった。在地の公文（荘官）と相模守（得宗、執権北条氏）が争ったこの案件は、荘官の言い分に道理がある事件であった。引付頭人・評定衆らは、そこが得宗領であったため荘官を敗訴とすべきとしたが、しかし、ただ一人青砥左衛門が、得宗をも恐れることなく道理にかなっていることを詳細に論じ、得宗を敗訴とした。

荘官は、予想外に所領が安堵できたので、その恩に報いようと、銭三〇〇貫を俵に包んで青砥左衛門の屋敷の後ろの山から密かに庭に落とし込んだ。青砥左衛門は大いに怒り、「訴訟で道理を述べたのは、

荘官に肩入れしたのではなく、相模守のことを思ったからである。もし引出物（贈り物）を、というならば、それは相模守こそすべきであろう。勝訴した荘官が引出物を〔自分に〕すべきといわれればない。」と言って、一銭も受け取らず、遠い田舎にまで送り返した。

また、青砥左衛門は、火打袋に入れていた銭十文を取り出し損ねて、夜の滑川に落としたことがあった。彼は、非常に慌てて松明十把を銭五十文で買って火を付け、ついに捜し出すことに成功した。この話について、小利大損ではないかと非難し笑った人がいた。そこで、彼は言った。「だからあなたは、庶民を思いやる心のない人だ。十文はその時に捜さなければ、川の底に沈んでしまうが、松明代の五十文は商人のものになり、なくならない。私の損は商人の利益で、私と彼とは何の違いがあるのか。結局、銭六十文を失わなかったので、得るものが無かったなどと言えるであろうか。」と。これを聞いて、笑った人々は感じ入ったという。

このように私心のないことが神に通じたのか、ある時、鶴岡八幡宮に参詣した得宗の夢に老翁が出てきて、「政道を直しくし、世を久しく保とうとすれば、心に私なく理に暗くない青砥左衛門を重用せよ。」と告げた。そこで、得宗は、早速近くの大きな荘園八カ所を青砥左衛門に与える補任状を書いた。彼は得宗にその理由を尋ねたところ、夢のお告げと聞いて彼は拒否した。もしも私の首を刎ねよと夢で告げられたら、そのとおりされるのかと詰め寄り、国に報いる忠義が薄い者が望外の恩賞を得れば、それ以上の国賊があるでしょうかと涙を流して補任状を返した。

他の奉行たちは、このような話を聞いて、自分の行為を恥ずかしく思った。青砥左衛門ほどの者はいなかったが、少しも道理に反したり、賄賂をとったりしなかったので、得宗は九代まで天下を維持できたのであると、『太平記』は記している。

青砥左衛門の話で興味深いのは、裁判、特に所領に関する民事裁判が、政事の重要な部分を占めていることである。御恩と奉公の時代であったからである。現在のように厳格な意味で証拠に基づく裁判が希求され、探求されていたのである。忖度や賄賂などの不正義が実際に存在したゆえに、鎌倉幕府の裁判や青砥左衛門の廉直さ（清廉潔白で正直なさま）が、この時代に特異な光彩を放っているのであろう。

【歴史の寄り道②】 中世世界に観る「救済観」

裁判自体とは少し離れるが、『古今著聞集』（一二五四年〔建長六年〕）には、興味深い救済観が見られる。見返り阿弥陀像や紅葉で有名な京都の禅林寺にその名をとどめる僧の永観と、初めて院政をしいた白河上皇との対話には興味深いものがある。それは、「白河院、法勝寺つくらせ給て、禅林寺の永観律師に『いかほどの功徳なるらん』と御尋ありければ、とばかり物も申さで、『罪にはよも候はじ』とぞ申されたりける。」というもの。上皇の救済観に対して、庶民からの税と労力、さらには困窮した庶民の生活を知っている永観の一言には、庶民の視点からは、よくぞ言ってくれたという思いがする。このような話が残されたこと自体、当時の人たちの欺瞞を見抜く感性を考えさせられる。庶民の救いを目指す浄土宗・浄土真宗の広がりも十分に理解できる。

また、「蛤の話」（「魚虫禽獣」の項より）の含意も深い。

「東大寺の上人春豪房、伊勢の海一志の浦にて、海人蛤をとりけるを見給ひて、あはれをなして、みな買ひとりて海に入れられにけり。ゆゆしき功徳をつくりぬと思ひて、臥し給ひたる夜の夢に、蛤多く集まりて、うれへて言ふやう、われ畜生の身をうけて、出離（煩悩から逃れること）の期を知らず、たまたま二の宮の御前に参りて、すでに解脱（煩悩からの自由）すべかりつるを、上人よしなきあはれみをなし給ひて、また重苦の身となりて出離の縁を失ひ侍りぬる、かなしきかなや、かなしきかなやと言うと見て、夢さめにけり。上人、

涕泣給ふこと限りなかりけり。　放生の功徳もことによるべきにこそ。」

蛤たちを救った満足感を味わった上人が、神前に供えられ救われると思っていたのに上人によって海に帰されてしまい救われなかった悲しみに暮れている蛤たちを夢に見て、泣いて悔やむ話である。これは、寓話であるが、善意あるいは独善や思い込みの怖さを、いみじくも示している。現代に置き換えた場合には、裁判官や調停委員のいわば「思い込みの救済」に対する戒めになるであろう。当事者の　（心の）声に耳を傾けることの大切さである。紛争解決のために民事手続を担当する者の課題である。

さらに、平業光と「螺と小さな尼の話」も興味深い。螺を酒の肴に飲んでいた業光は、眠り込んでしまった。その夢に、泣き悲しんでいる螺がたくさん出てきた。しかもその中に、小さな尼の姿も混じっていた。その後、彼は、永く螺を食べなかったのである。入道でも坊主でも小僧でもなく、小さな尼というのが感性に響く。生きとし生けるものの「声」を虚心に聴くことができた人々の話としても興味深い。

小林一茶は、詠んでいる。

鳴く田螺　鍋の中とも　しらざるや

なお、梅崎春生『蜆（しじみ）』（一九四七年）も、夜中、主人公がリュックに詰められ蠢めき合っている蜆の淋しい声を聞きながら、彼は、窮屈な敗戦国日本で「生」への衝動を感じたのである。これは、終戦間もない時代に、作家自身が蜆に救われた話と考えられる。狭いリュック・サックに詰め込まれ犇めき合っている蜆の淋しい声を聞きながら、彼は、窮屈な敗戦国日本で「生」

【参考文献】
・笠原一男＝井上光貞＝安田元久『日本史百話』（山川出版社、一九五四年）
・川嶋四郎『民事救済過程の展望的指針』（弘文堂、二〇〇六年）

・瀧川政次郎『日本法制史（上）』（講談社、一九八五年）

・田端泰子『日本中世の女性』（吉川弘文館、一九八七年）

・田渕句美子『物語の舞台を歩く・十六夜日記』（吉川弘文館、二〇〇五年）

・田渕句美子『阿仏尼』（吉川弘文館、二〇〇九年）

・長谷川端（校訂・訳）『太平記』（小学館、二〇〇八年）

・平柳一夫『古代からの遺産争い』（信山社、二〇〇一年）

・平山行三『和与の研究』（吉川弘文館、一九六四年）

・福田秀一『中世和歌史の研究』（角川書店、一九七二年）

・本郷和人『人物を読む日本中世史』（講談社、二〇〇六年）

・本郷恵子『物語の舞台を歩く・古今著聞集』（山川出版社、二〇一〇年）

・本郷恵子『怪しいものたちの中世』（角川書店、二〇一五年）

・牧英正＝藤原明久編『日本法制史』（青林書院、一九九三年）

・丸茂武重『中世の旅人たち』（六興出版、一九八七年）

・村上一博＝西村安博編『史料で読む日本法史〔新版〕』（法律文化社、二〇一六年）

・森本元子『十六夜日記・夜の鶴』（全訳注）（講談社、一九七九年）

・山本幸司『頼朝の天下草創』（講談社、二〇〇一年）

・脇田晴子『中世に生きる女たち』（岩波書店、一九九五年）

・ドナルド・キーン『百代の過客（上）』（朝日新聞社、一九八四年）等

■第2章　扉写真

藤原定家の子の為家と阿仏尼との間の子、為相を始祖とする冷泉家の邸宅（時雨亭）文庫。背後は、同志社大学の建物群（右から、有終館、弘風館、明徳館）。（筆者撮影）

「徳政」と乱世に生きる庶民の力

■中世庶民と法への思い

　高利貸しは、いつの時代にも存在した。明治期には、洒落で〝アイス〟（氷菓子）とも呼ばれた。借財は、一方で、生きるためのやむを得ない手段でもあるが、他方、そのための無数の悲劇も、日本の歴史には刻まれている。いわゆる「サラ金三悪」（高金利、過剰貸付、過酷取立て）が、まかり通った時代もあった。しかし、それでも庶民はたくましく生き続けた。

　そのなかでも、「徳政」の私的な援用は、その最たるものである。

　「徳政」とは、本来的には徳のある政治のことであり、人民に恩徳を施すことができる政治のことを意味した。債務のない生活を人々が送ることができる社会を創り出すことが、徳のある政治の姿と考えられていたとも思われ興味深い。

　現在の日本には、「多重債務者」が少なくない。多重債務者の法的救済手段としては、簡易裁判所の各種手続（特に、特定調停手続）のほか、破産免責手続、民事再生手続等が存在する。これに対して、日本の中世には、「徳政令」という不思議な制度が存在した。本章では、そのような徳政令を題材に、中世庶民の生き方を垣間見ていきたい。

「それはおよそ善き時代でもあれば、およそ悪しき時代でもあった。知恵の時代であるとともに、愚痴の時代でもあった。信念の時代でもあれば、不信の時代でもあった。光明の時でもあれば、暗黒の時でもあった。希望の春でもあれば、絶望の冬でもあった。前途はすべて洋々たる希望にあふれているようでもあれば、また前途はいっさい暗黒、虚無とも見えた。」

これは、フランス革命の時代を描いた、チャールズ・ディケンズ（Charles Dickens, 一八一二年〜一八七〇年）の『二都物語』（中野好夫訳。一八五九年刊）の冒頭の言葉であるが、現代にも通じる要素を含んでいる。

たとえば、日本では、バブルの崩壊以降、長引く不況の影響で、企業倒産や消費者の自己破産の申立件数は上昇の一途を辿っていた（たとえば、二〇〇三年〔平成一五年〕には、年間の破産申立件数が二五万件を突破したが、二〇一九年〔令和元年〕は、約八万件である）。しかも、二〇〇八年〔平成二〇年〕秋のいわゆるリーマンショック以降、世界同時不況にも見舞われ、現代社会に生きる市民は、絶望の冬を耐え忍びながら、来たるべき希望の春を待望している。コロナ・パンデミックの現在も同様である。

債務を負った庶民の生活。それは、洋の東西を問わず、いつの時代にも見られる社会現象である。たとえば、平城京跡で発掘された木簡の中には、高利貸しの証文とおぼしき一片が混じっていた。また、現代アメリカの民事訴訟、とりわけ少額訴訟手続の機能を論じる文献の中にも、アメリカ人の多くが返

済能力を超えた債務を負担している現状が、活写されていたのである。

そのような状況は、日本の中世における庶民の生活の中にも存在した。鎌倉幕府が、窮乏する御家人の救済のために発令した「徳政令」が、後に御家人以外の人々によっても公然と援用された。室町期には、庶民が新たな生活を切り開く手段として、実力行使を通じて幕府に「徳政令」の発布を求め、その成果を勝ち取っていったのである。

本章では、このような「徳政」の展開過程の中に、乱世に生きる中世庶民の姿を垣間見て行きたい。

2 中世の高利貸し・土倉

いつの時代にも、高利貸しは存在する。

鎌倉後期には、今日の質屋に相当する「無尽銭土倉」が、その役割を演じていた。そして、南北朝の頃からは、単に「土倉」と呼ばれるようになった。質物を保管するために、土で塗り固めた倉庫を建てていたので、このように呼ばれた。酒屋を兼ねる場合も少なくなかったので、「酒屋」・「土倉」と呼ばれることともあった。『春日権現験記絵』第一四巻〔一三〇九年（延慶二年）〕には、焼け残った土倉が描かれている。貨幣経済の急速な進展の中で、窮乏した御家人や庶民たちは、この土倉から金を借りたのである。

土倉は、室町期に入って著しく発展した。当時、京では、三五〇軒以上、奈良では二〇〇軒以上を数えたという。土倉は、幕府に「土倉役」という名の税を納付する代わりに、幕府の庇護を受けて栄えたのである。しかも、幕府の御用を務める土倉もあった。幕府と土倉は、持ちつ持たれつの関係にあり、

それはあたかも、現代社会において、（一時期前の話ではあるが）高い収益を上げていたいわゆるサラ金業者や信販会社から大きな税収入を得ていたこの国のありようとよく似ている。ただ、現代では、銀行が多くの国民から低利で預金を集め、そこからサラ金や信販会社に融資を行うといった図式も見られるので、金の流れの関係はより複雑化している。ただし、最近では、大手金融機関との関係がより明らかにされている。

なお、土倉は、現在の銀行のように、「合銭（あいぜに）」と呼ばれる預金を集めたりもしていた。

3 「徳政」と「徳政令」

日本の中世には、債権債務関係を破棄し清算するための不思議な制度が存在した。それが、「徳政」である。「徳政」とは、もともと徳のある政治、すなわち仁政のことであり、人民に恩徳を施す政治のことを意味した。人々を債務から開放すること、あるいは、債務のない生活を人々が送ることができる社会を作り出すことが、徳のある政治と考えられていたのである。

「徳政」の語は、古くは、『六国史（りっこくし）』などの古代の史料などで見ることができ、平安時代には、綱紀粛正や撫民、さらには災難から国民を保護する施策などを指して用いられていたという。たとえば、租税を免じたり、恩赦を行ったり、物を施したりするなど、内容的には多種多様であるが、平安時代から、一三世紀の中頃までの公家政権で、最も重視されたのは、「雑訴興行（ぞっそこうぎょう）」であったと指摘されている。

これは、様々な訴訟を取り上げて判断を下し、民の憂いを取り除くことを目的とした。当時の公家社会における司法的な判断作用は、現代のように専門分化することなく、各官司の業務の一部とされてい

48

た、いずれの官司の業務にも含まれないものは「雑訴」と呼ばれ、官司によっては取り扱われなかった。

そこで、その種の雑訴は、紛争当事者間の私的自治で解決が図られるか、または、いわゆる「権門」などと呼ばれる有力者による裁断などに委ねられていたが、鎌倉後期には、為政者つまり北条得宗が、このような雑訴を直接審理判断することを通じて、民の間に平安をもたらすことが、「徳政の最要」とされたのであった。その頃から、為政者たちは、治世を始めるに当たって、「仏神事の興行」と「公正な裁判の実現」を宣言し始めたとされる。また、「雑」という文字はあるものの、決して粗略に扱うことが許されない類の重要事項であった。

このように、古い時代においてさえ、民の紛争の解決に意を払い、しかも、それを首尾良く行うことが徳政の眼目とされたことは、現代的な視点から見ても興味深い。

ところが、日本の中世では、「徳政令」以降、徳政の意味が著しく転じた。鎌倉後期からは、たとえば、売買契約、消費貸借契約、賃貸借契約または質権設定契約などを破棄することを意味することになったのである。

首尾良い司法的な紛争処理を超えて、庶民の債務負担を軽減・免除し、土地を「本来の所有者」に返す制度が「徳政」と呼ばれるようになったことは、民事事件処理の重要性とともに、「政治」のあり方をも考えさせてくれる。それとともに、「徳政令」は、公正な裁判を行い、人民のための政治をしたと後世評された鎌倉司法（→第2章）の限界を示しており、しかも、その結果、庶民等の側からの非常の救済要請、つまり自力救済的な徳政の実現が志向される契機をかたちづくったのである。

4 永仁の徳政令

一二九七年〔永仁五年〕、突如彗星が出現した。奇しくもその年の三月六日付けで、鎌倉幕府は、「永仁の徳政令」を発布した。これは、次のような内容を有していた。

一 新規の越訴（おっそ）（すなわち判決を不服とした再審理請求訴訟）の提起を停止すべきこと。
二 すでに他人の手に渡った御家人領を、売却に際して幕府の承認を得たものおよび二〇年の年紀が経過したものを除き、元の所有者に返還すべきこと。ただし、非御家人の手に渡った所領は、二〇年の年紀が経過した後であっても返還すべきこと。
三 新規に御家人の所領を売買したり質入れしたりすることを禁止すべきこと。
四 利銭出挙（すいこ）（利子をとる銭貨の貸付け）に関する訴訟は受理しないこと。

この法令が出された目的は、元寇の襲来すなわち文永・弘安の役（一二七四年〔文永一一年〕・一二八一年〔弘安四年〕）の後、深刻な窮乏状態に陥った御家人を救済するとともに、幕府の経営基盤である御家人の所領の散逸を防止する点にあったと指摘されている。

鎌倉幕府は、御家人の所領、とりわけ幕府から与えられた「恩領」については、知行者による任意の譲渡や担保提供を認めていなかったが、現実には、たとえば、売買、質入れまたは贈与が行われることも少なくなかった。この永仁の徳政令は、そうした事実先行の事態が規律されないままに自己展開して

いる現状を糺そうとした意図を有するとも評されている。永仁の徳政令では、幕府の規律によって、御家人所領は、あくまでも御家人により知行されるべきであることが宣言されたのである。

また、越訴を停止したのも、そうすることで、御家人領の正当な知行者を一旦確定することを意図したものであり、さらに、利銭や出挙に関する訴訟を受理しないこととされたのも、派生する紛争が持ち込まれることを回避しようとする意図が存在したと、今日では考えられている。

ところが、この徳政令が出された翌年の一二九八年（永仁六年）二月には、御家人の所領の質入れは再び合法化され、また、越訴や貸金返還請求訴訟も受理されることとなった（永仁の徳政令における「二・三・四」の項目の撤廃）。ただ、徳政令の発布以前の売却地や質入地を無償で取り戻すことができる旨の規定は、徳政令の発布後、幕府の滅亡まで、その効力は持続したという（永仁の徳政令における「二」の項目の効力の存続）。

5　永仁の徳政令の評価

このような徳政令は、鎌倉幕府の支配権の弱さを示し、衰退の兆しを、そこに読み取る考え方もあるようである。しかし、現実にこのような徳政令の規範が社会に貫徹されていた限りでは、幕府の権力基盤は決して脆弱化してはいなかったとも言えるのである。徳政令の発令の結果、御家人は、土地を取り戻すことができただけではなく、新たに借入れを行うことも可能となった。

それゆえ、鎌倉幕府の基礎体力は、非御家人の損失により一旦は回復されたはずである。

ところで、この「徳政」という呼称は、幕府自身が用いたものではないという。それにもかかわらず、

これが発せられて間もなく、これを「徳政」と呼んで引用した例が知られており、このことは、鎌倉幕府が発した「法」に対する社会の感受性を示す例として注目されると指摘されている。幕府から出された命令であっても、庶民にとって利益となるものは、「徳政令」と言われ、徳治主義の典型とされたのである。

このような徳政令は、中世日本社会に比較的容易に受け容れられていったとされる。その理由として、中世社会には、本来の持ち主（本主）の元から他の者に所有権が移転した物は、再び元の所有者（本主）に戻るべしとの社会通念が存在したことが指摘されているのは、今日でも土地と人との関係を考える上で興味深い。それは、「本主の観念」とか、「地おこしの観念」などと呼ばれている。その起源は古く、すでに万葉の時代にも、見られるという。

　「商返（あきかへ）し領（を）すとの　　御法（みのり）あらばこそ　わが下衣　返したまはめ」（万葉集巻一六より）

この歌は、当時、愛しあった男女の間で、それぞれ下着を交換する風習があり、男が、その関係を解消したいので下着を返してほしいといってきたのに対して、女が、商返が行われるという天皇の命令があれば返しましょうと応えたものと解されている（また、寵愛の薄れた後に、下着を返された女が、男を恨んで作った歌とも解されている）。なお、時代は下るが、後醍醐天皇は、この考え方に基づき、「武」から「天皇」が本領を回復する意図があったのではないかとの指摘もなされている。

また、時代は下って、明治初期にも、いわば「代替わりの徳政」を待望する声があったという。たえば、加賀藩御算用者の猪山家は、士族でありながら、明治維新の後、農地を買い集めて地主になるこ

とを考えたとのことであるが、しかし、その目論見を思い止まったという。それは、代替わりの徳政が出されてしまえば、何の代償もなく、土地が売り主に取り上げられてしまうことを恐れたことによるという。

ともかく、このような「本主の観念」などの主張を予期して、明治政府は、地租改正に際して、「地所質入書入規則」を制定し、規則でもってそれらの観念の否定を確認したのである。

なお、先に触れた二〇年という年紀法には、二〇年間、所有の意思をもって平穏かつ公然に他人の不動産を占有した者は、その占有の初めに善意無過失でなくても所有権を取得するという、現在の民法一六二条一項の規律と比較した場合にも、時代をはるかに超えて、一致が見られるのは興味深い。

6　「日本開闢以来土民蜂起……」

永仁の徳政令は、御家人以外の多くの人々によって、債権債務関係を御破算にし、しかも、売却や質入れをした土地を取り戻すための根拠法令として活用された。また、私人と私人との関係にも援用され、借用書の破棄や質物の取戻しについて、数多くの実例を生み出した。幕府の意図を超えて、その規律は広く用いられた。血縁や地縁を超えた一種の法共同体を成立させる中で行われた庶民の法援用が、それである。一揆という形式を採って行われたりもした。

これにより、たとえば、借金のかたに一度は質入れした質物が債務を完済しないのに債務者の手元に戻ったり、また、年貢が払えないので売りに出した土地が無償で売主の手に戻ったりしたのである。

このような「徳政一揆」は、一四二八年〔正長元年〕の「正長の土一揆」が最初とされる。興福寺大

乗院の日記には、「日本開闢以来土民蜂起、これが初めなり……下剋上の至り」と記された。同年八月に、まず近江（大津坂本）の馬借が決起し、九月以降、一揆は京にまで広がり、土倉が襲撃され、畿内とその周辺にも拡大した。室町幕府は、侍所の兵力を使って鎮圧に努めたが、時すでに遅く、一揆は、事実上借用書の破棄などの目的を達成してしまっていた。この一揆に対しては、室町幕府は、徳政令を発令せず、逆に、徳政禁制の目的を達成してしまっていた。この一揆に対しては、室町幕府は、徳政令を発令せず、逆に、徳政禁制を出し、土倉に対する乱入狼藉を処罰する方針を布告したのである。

正長の土一揆が大規模化した原因について、日本史家の永原慶二は、民衆の力の増大と厳しい飢饉の発生および幕府の対応の遅さに加えて、「高利と債権債務関係の混乱」という、興味深い指摘を行っている。

すなわち、当時、五割近い年利が課され、利息の元本組入れ（複利計算）も行われたという。利息がさらに利息を生むという構造である。また、農民が困ったことには、領主が年貢を担保に土倉から借金し、領主が返済できなければ土倉が領主に取って代わり代官となることも少なくなかったという。土倉が代官として年貢の取立てに直接乗り出し、農民が滞納すればその分を借金に切り替え、これにまた利息を付ける。その利息が高いので、農民たちはたちまち債務まみれになり、名主職や作職などといった自己のもつ役職さえを売らざるを得なくなり、それらが土倉に集積していったのである。このような蟻地獄的な債務負担へののめり込み、あるいは雪だるま式の債務増大のありさまは、現代にも通じるものがある。

なお、「一揆」とは、特定の目的をもって集団や組織を創ること、または、創られた集団自体をいう。乱世では、武士や百姓など多くの人々が、様々な目的で一揆を結んだ。その際には、たとえば、「傘連判状」などといった起請文を作り、人々が結束を誓ったという。このような連判状は、神仏の前で

54

燃やされ、その灰を参加者が神水に混ぜて呑み、一揆的結合の約束を誓った（このような手続は、「一味神水」と呼ばれている）。傘の周りの署名は、一揆の構成員の対等性・平等性を示しているようにも思われて興味深い。団結の促進と首謀者の隠匿という意味もあったのかもしれない。

7 「天下一同徳政令」

さて、一四四一年（嘉吉元年）、赤松満祐（一三七三年（応安六年）～一四四一年（嘉吉元年）九月一〇日）が、室町幕府第六代将軍足利義教（一三九四年（明徳五年）六月一三日～一四四一年（嘉吉元年）六月二四日）を謀殺する事件が発生した。嘉吉の乱である。この年、「嘉吉の土一揆」が生じ、徳政を求めて京を占拠した。幕府は、初めて土一揆の要求を呑んで徳政令を発令した。この一揆は、「土民数万」とも言われる大規模なものであった。二、三千人からなる土一揆軍が、地域的なまとまりをもち、京周辺の神社仏閣等に籠もり、洛中の酒屋・土倉を攻撃したのである。

このときの土一揆では、幕府が、最初「土民限り」の徳政を出そうとしたのに対して、土一揆の要求を呑んで「一国皆同徳政令」を出した。一国とは、京のある山城国全域を指す。しかし、一揆軍の要求は拡大し、幕府は、ついに「天下一同徳政令」の発布を余儀なくされたのである。

ただし、酒屋・土倉らの側の対抗策も見られた。以後も、同様な徳政令が発せられる可能性を意識して、たとえば、当該土地については徳政が行われても取戻しを求めない旨の特約を記した証文が作成されるようにもなった。この特約は、「徳政担保文言」と呼ばれ、一四世紀以降定型化されて行く。

また、一般に、庶民の側の徳政要求も頻度を増すことになった。とりわけ、室町中期以降には、幕府

の発した徳政令によって、売買関係や賃貸借関係等が規律されるという認識を前提として、幕府に徳政令を発することを要求するという、庶民の新たな行動様式が発生したのである。窮乏化した農民が、しばしばいわゆる「土一揆」を起こして、幕府に徳政令の発布を強要したのである。しかし、このような事態に備えて、土倉側も武装した。

それは、農民による酒屋・土倉などの高利貸しに対する攻撃に展開した。しかし、このような事態に備えて、土倉側も武装した。一揆を組織した農民らは、実力行使を通じて、借用書の破棄や質物の取戻しなどを求めることも少なくなかった。土一揆と土倉との間、土一揆と幕府との間の合戦の結果、降参した土倉が質物を差し出すこともあった。この結果得られた事実上の徳政は、「私徳政」と呼ばれている。また、実際には、土民らが勝手に「徳政」と称して、酒屋・土倉などの金融機関を襲い略奪を行うこともあったという。

それはともかく、興味深いのは、当時の土民＝農民には徳政を求める権利があると考えられていたように思われることである。しかも、高利貸しを攻撃した土民たちが、あくまで幕府に徳政令の発令、すなわち徳政を求める権利の公的な認知・貫徹を求めたことである。その法令は、再度、借金を行ったりするための免罪符的な意義も有していたのであろう。

そのこととの関係で、農民らの質物の取戻方法も興味深い。たとえば、京の周辺に住む農民は、債務額の一〇分の一を支払って、質物を取り戻したりもした。これは、今後も改めて継続的に土倉から金銭を借用せざるを得なくなるであろう近隣の庶民側の事情を反映した苦肉の策でもあった。これに対して、「田舎者は只取り」をしたという。このことは、田舎者は、土倉に対して恒常的な債務を負担していなかったことを意味するだけではなく、田舎からはるばる土一揆に加わり京に出かけて行った土民も少なくなかったことも窺われる。

なお、後に土一揆には、武士なども紛れ込むようになり、また、戦国大名なども背後から土一揆を画策したという。

当時の公家は、土一揆を、「乱世の至極」と非難したが、しかし、「徳政」ともなれば、自己が供した質物が戻るので、「土一揆の同類となるのも一興」と嘯いて、その機に乗じて、自己の質草はちゃっかり取り戻したりもしていたという。このように、徳政には、様々な人々が「便乗」したのである。

また、「分一徳政令」と呼ばれる徳政令も、幕府から出された。これは、債務者である農民・馬借などが、債務額の一〇分の一から五分の一の「分一銭」を幕府に納入することを、徳政令の適用の条件としたものである。「徳政」で土倉が損害を被れば、幕府の「土倉役」の収入（土倉に対する課税収入）が打撃を受ける。そこで、それを補う目的で案出されたのである。一四五四年（享徳三年）に初めて発せられ、それ以後の徳政令や徳政禁制においては、個別的に分一銭を納入することを債務免除の条件とすることが通例となったとも指摘されている。為政者は、いつの時代でもしたたかだったのである。

ともかく、幕府は、「徳政令」を出しても、決して損をしなかった。ただ、債務者が幕府に分一銭を納入せずに、債権者と和解や示談を行う事例も少なからず見られたという。これは、幕府に分一銭を払うよりは、その分を当事者間で分けた方が、当事者にとって利益になることによる。したたかな庶民の知恵だったのである。

8　徳政一揆の終焉と下剋上

ヨハン・ホイジンガ（Johan Huizinga, 一八七二年〜一九四五年）は、『中世の秋』の中で、次のような詩

を引用している。

「はたらくもの、貧しい馬車ひきは、
みなりかまわず、ぼろをつけ、破靴でゆく、
だが、はたらきながら、仕事を楽しみ、
喜びのうちに、仕事を終える。
夜の眠りも安らけく、かくも務めに忠実な心のものは、
四人の王のその治世の終わりをみとどける。」

日本における中世の庶民が、日々、喜びのうちに、仕事を終えることができたかどうかは分からない。

しかし、悪党が跳梁跋扈し、戦乱に明け暮れたこの時代においてさえ、庶民たちは、目まぐるしく交代する天皇の御世や将軍の治世を尻目に、過酷な生活の中にも、たくましく生を謳歌したのではないかとも思われる。

当初、鎌倉御家人の困窮を救うための措置として編み出された「徳政」は、室町期には、その本来の射程を超えて、庶民にも活用された。法を庶民が掠め取った事例とも評価することができる。そして、彼らは結束して一揆を起こし徳政を要求し、幕府は、徳政令を出すことでそれに応え、庶民は再び生きる糧を獲得することができたのである。

庶民による自力救済的な行動が、幕府に聴き届けられ、このようなかたちで実を結ぶ土壌が存在していたことは不思議であり、庶民と幕府との距離の近さだけでなく、両者の力関係の微妙なバランスやそ

58

の変化も感じられる。また、庶民の要求に応じるかたちで「徳政」を実施することを通じて、庶民から利益を掠め取るしたたかな幕府の姿さえも、そこに垣間見ることもできたのである。

ところが、応仁・文明の乱（一四六七年〔応仁元年〕〜一四七七年〔文明九年〕）以降、徳政一揆の数が激減した。それとともに、下剋上の戦国時代が始まるのである。

【歴史の寄り道③】「徳政」余談

徳政は様々な話題を提供する。以下は、小欲にふけったがために天下の笑い者になった男の話である。

その男は、京で宿屋を営んでいた。近々徳政令が発せられるという噂を耳にして、一計を案じた。彼は、宿泊している旅人の所持品をことごとく借り受けたのである。案の定、その後間もなく、京の辻々に徳政令の高札が立てられた。男は、旅人たちを集めて言った。「済まぬ事だが、徳政とは、いやしくも上様からの御触れである。だから、先日、私が借りた物はすべて私の物になった。これは、私が決めたのではなく、天下の法によるものである。」と。

それは、借りた物はすべて借り主の物になり、貸した物はすべて貸し主の損になるという法である。

これを聞いた旅人たちは、ただただ仰天して途方に暮れていた。しかし、一人の智恵者が前に進み出て、その男に言った。

「上様の御法令に背いてはいけませんので、あなたが全部お取りなさい。ただ、気の毒なことだが、私たちはたまたまこの宿を借りてしまったので、あなたは妻子を連れてここから立ち退いてください。」と。

この諍い（<ruby>諍<rt>いさか</rt></ruby>い）は、訴訟にまで発展したという。しかし、結局敗訴した宿主の男とその家族は、いずこへとなく立ち去ったという。

このように『塵塚物語』（<ruby>塵<rt>ちり</rt>づか</ruby>物語）〔室町時代の説話集〕には、乱世の中でしたたかに躍動する人間の群像が描かれている。

これは、徳政令という法令の効力が、庶民の日常生活に浸透していたことだけでなく、そこには、天下の笑い者を生み出すような法令を出した為政者に対する痛烈な批判さえも、読み取れるように思われる。しかし、この話

は、バブル期の日本で「地上げ」に躍起となった人々の姿と、どこか交錯するものもある。また、松本清張の短編『西郷札』（一九五五年）も想起させる。

【参考文献】

・網野善彦『中世再考』（講談社、二〇〇〇年）
・石井紫郎『日本国制史研究Ⅱ 日本人の国家生活』（東京大学出版会、一九八六年）
・磯田道史『武士の家計簿：「加賀藩御算用者」の幕末維新』（新潮社、二〇〇三年）
・宇都宮健児『消費者金融：実態と救済』（岩波書店、二〇〇二年）（書評として、川嶋四郎・カウサ（Causa）四号八二頁も参照）
・榎原雅治編『一揆の時代』（吉川弘文館、二〇〇三年）
・筧雅博『蒙古襲来と徳政令』（講談社、二〇〇一年）
・笠原一男＝井上光貞＝安田元久『日本史百話』（山川出版社、一九五四年）
・笠松宏至『徳政令』（岩波書店、一九八三年）
・勝俣鎮夫『一揆』（岩波書店、一九八二年）
・川嶋四郎「アメリカ合衆国における消費者破産法制の現況・素描」クレジット研究三一号六一頁（二〇〇三年）、同「消費者倒産法制の新たな展開(1)」クレジット研究三六号一七二頁（二〇〇六年）
・神田千里『戦国乱世を生きる力』（中央公論新社、二〇〇二年）
・久留島典子『一揆の世界と法』（山川出版社、二〇一一年）
・小島庸平『サラ金の歴史』（中央公論社、二〇二一年）
・桜井英治『破産者たちの中世』（山川出版社、二〇〇五年）
・永原慶二『大系日本の歴史6 内乱と民衆の世紀』（小学館、一九九二年）
・永原慶二『室町戦国の社会』（吉川弘文堂、二〇〇六年）
・牧英正＝藤原明久編『日本法制史』（青林書院、一九九三年）

・水上宏明『金貸しの日本史』（新潮社、二〇〇四年）
・水林彪＝大津透＝新田一郎＝大藤修編『法社会史』（山川出版社、二〇〇一年）
・山本博文編集代表『歴史学事典9　法と秩序』（弘文堂、二〇〇二年）
・若尾政希『百姓一揆』（岩波書店、二〇一八年）
・チャールズ・ディケンズ（中野好夫訳）『二都物語（上）』（新潮社、一九六七年）
・ヨハン・ホイジンガ（堀越孝一訳）『中世の秋1』（中央公論新社、二〇〇一年）、等

■ **第3章　扉写真**

「正長の土一揆」の徳政碑文が残る奈良柳生の里にある円成寺。手前は浄土庭園。境内の復元された多宝塔内には、運慶作、大日如来座像が鎮座する。（筆者撮影）

中世の「庶民自治」と紛争解決
■中世における自治的紛争処理とその終焉

　現在、市民の市民による市民のための「自治」は、国内的にも、国際的にも、重要な課題である。私的自治も、地方自治も、民族自決も、人間の尊厳を確保するためには、不可欠の大前提である。とりわけ、ロシアのウクライナ侵攻が始まった二〇二二年二月には、平和的な自治の大切さを思い知らされた。

　一八九〇年（明治二三年）に、ドイツ民事訴訟法を翻訳的に継受した日本の近代民事訴訟法学は、ドイツ学説の主流に倣って、自力救済の禁止の見返りとして裁判権を国家が独占することから、近代的な訴訟制度が始まったとする仮説を、長い間墨守していた。そして、民事訴訟の目的が、権利保護であることから出発した。しかし、自力救済の自制も市民の自治の起源も、日本では中世に遡ることができる。

　本章では、中世庶民による自治の諸形態を中心に概観し、自力救済の本旨を探り、近代国家が、中央集権的な裁判制度を創設する際に、それがどのように変容していったかについて考え、新たな現代的展望を行いたい。なお、一八九〇年は、「真誠の自由」を愛した同志社大学校祖、新島襄の没年でもある。

1　中世庶民の生活

「絵巻物を見ていてしみじみ考えさせられるのは民衆の明るさである。それは画家が画面を美しからしめるための工夫からそのように描いたのであろうか。私はどうもそう考えないのである。……人たちの生活は素朴であり、健康そのものである。泉のほとりで洗濯している女たち、髪を洗う女たち、水を汲む女たち、栗をひろう女たち、摘菜しつつ野に遊ぶ子供たち、水のほとりで遊ぶ子供たちのゆたかな肉付きと明るい表情とは、そのまま日々の生活をたのしんでいる思いがする。」

民俗学者の宮本常一（一九〇七年〔明治四〇年〕八月一日～一九八一年〔昭和五六年〕一月三〇日）は、『絵巻物に見る日本庶民生活誌』（一九八一年）の中で、このように記している。勿論、昔の絵巻物や屛風絵などの中には、たとえば、『病草紙』、『餓鬼草紙』、『六道絵』など、人間の修羅場を描いたものもあるが、確かに、日本の中世に描かれた絵巻物などを見ていると、当時の人々の長閑な日常生活の一端を窺い知ることができる。

しかし、前章でも述べたように、群雄が割拠し、戦が絶えず、領主がめまぐるしく交代する中世・戦国期の庶民の暮らしは、それほど穏やかなものでも平和なものでもなかったはずである。とりわけ、農民（百姓、土民）の生活は厳しかった。種籾の確保も大変であり、また、種蒔きから収穫までには大きな時間的な隔りがあるため、蒔いた者が刈り取ることができる保障など、必ずしもなかったからである。戦乱や飢饉などのせいで、蒔いた者が刈り取ることができる保障など、必

当時の人々は、そのような日々を、一体何によって安んじて生きてきたのであろうか、疑問は膨らんでいく。

それはともかく、本章では、主として中世庶民の自治的な生活について、「惣」を中心に見ていき、「自力救済の禁止」の代償のあり方を考えていきたい。

2　南山城における「コミューン」の形成

応仁・文明の乱（一四六七年〔応仁元年〕～一四七七年〔文明九年〕）は、室町幕府における支配権力の弱体化をもたらし、土民たちが自治的な世界（自治的な共同体組織、コミューン）を形成するための機会を与えた。

まず、「山城の国一揆」が、そのことを象徴的に示している。山城国では、応仁・文明の乱以後も、守護の畠山政長一派とその義弟の畠山義就一派が、家督を巡って戦いを続けていた。そのために田畑を荒らされた土民たちは、在地の国人（小領主）たちを中心に結束し、一四八五年〔文明一七年〕一二月一日、両軍に対して、南山城からの立退きを要求したのである。

土民たちは、武力対決を覚悟で交渉に臨んだが、交渉は実を結び、以後八年間「惣国」による自治が行われた。その際、たとえば示談金を用意したり、また、土民たちが、状況次第では一方の勢力側に肩入れするなどと威嚇して、両軍の撤退を実現させたという。

南山城三郡の国人・土民は、集会で次の三点を「惣国の掟法」として取り決めた。

一　以後、両畠山軍は、国中に入らないこと。

二　寺社本領は、元のとおりとし、他国の代官は用いず、荘民は年貢等を納めること。

三　新関などは、立てないこと。

ここには、平和な秩序の維持、自治的な組織の確立および通商の自由が謳われている。惣国としての活動は組織的に行われ、その運営は「国衆（国人）三十六人衆」の「月行事」によって実施されており、さらに、重要事項は、宇治の平等院などで開かれた集会で決せられたという。

ただ、三十六人衆の大部分は、東軍の将であった管領細川政元（一四六六年〔文正元年〕二月二〇日〜一五〇七年〔永正四年〕六月二三日）の家臣であったともされており、それゆえに、傀儡政権との批判もある。それはともかく、織田信長（一五三四年〔天文三年〕〜一五八二年〔天正一〇年〕六月二日）や豊臣秀吉（一五三七年〔天文六年〕二月六日〜一五九八年〔慶長三年〕八月一八日）が関所撤廃令を出すより一世紀も前に、土民がその要求を貫徹できたのは驚異であり、一〇年足らずではあるが国人を動かして自治を確立した土民の連帯には、驚嘆すべきものが見られる。

現在でも、南山城には、祭りや生活の互助のための「座」が存在し、鎮守の杜を中心に連帯意識を育んでいるという。

3　加賀における「コミューン」の形成

また、自治といえば、「百姓の持ちたる国」を築いた「加賀の一向一揆」にも触れておかなければな

らない。

一四八八年〔長享二年〕、加賀の国の守護職をつとめる富樫政親（？〜一四八八年〔長享二年〕六月九日）は、本願寺の一向一揆に破れて自刃した。以後一〇〇年近く、加賀の国は「百姓持」の国となった。そのさい、一向一揆は、形式的には、滅ぼした政親の大叔父泰高を守護に仰いだが、その実質は、「惣国」として一揆が支配し、その上には本願寺が君臨していた。それゆえ、惣国一揆を統治の主体と見るか、それとも、宗教色の濃い本願寺の法王国と見るかによって、その評価が分かれている。

それはともかく、加賀の国の各地域には、独立した地域組織である「組」が存在し、その寄合いによって事が決せられていたという。その組は、門徒以外の人々をも含んだ地縁組織であり、山城の国一揆と同様に、その基層部分には、土民の惣的な一揆結合が存在し、それに一向衆が同調したとの見方も示されている。また、土民が主体となって、年貢の徴収や管理を行っていたという。

そこでは、当初独自の法が通用していたが、やがて、本願寺の下部組織に組み込まれ、「本願寺御領国」が形成されたのである。

4 惣村の成立と自治

さて、一四世紀以降、土民たちは、荘園の内部から自らの手で自治的な村を創り出した。これは、「惣」とか「惣村」と呼ばれる。惣村は、「惣掟」を制定し、「自検断」（警察・刑事裁判）の権限や入会地（惣有地）をもち、灌漑用水を管理し、「村請制（地下請制）」を実施した。この村請制とは、村が、領主から年貢や雑税（公事と呼ばれた）の取立て・納入を請け負うことであり、この結果、領主は、直接的

に個々の住民の生産実体や生活状況を把握できなくなり、その支配権も弱体化した。それに伴って、惣村自体の自治的権能も拡大して行ったのである。

ただ、自治は、その構成員の負担と積極的な活動によって維持される。

たとえば、琵琶湖の北辺に位置し代表的な惣村とされている「近江国菅浦荘」では、「家役」が、隠居の家や下層民の家にも課されていたという。その範囲は、自治に参加できる村人の範囲を画するものでもあった。村人は、鎮守社の祭礼なども主体的に行った。

また、惣村は、「惣掟」を有していた。惣掟とは、中世後期に、主として畿内とその周辺地域で定められた惣村の成文法をいう。掟の内容は、惣村の地域的な特性や性格の相違に応じて多様であるが、生活や生産活動の細部に及ぶ規則から、神事などの祭祀や検断規定など、多岐にわたっている。惣村にとって決定的に重要な要素とされるのは、荘園領主による支配体制から相対的に自立して村の運営を行っていくことであり、その象徴が惣掟でもあった。

村落の自治的な運営に必要な様々の書類は、代々保管され承継されていった。たとえば、「近江国菅浦荘」では、「あけずの箱」の中に、その種の文書が保管されていたのである。興味深いのは、当時でさえ、文字を読み書きできる人々が全国津々浦々に存在したことであり、そのような人々が、惣中での主導的な役割を担っていたことである（近年、『菅浦文書・菅浦与大浦下庄絵図』〔滋賀大学受託〕全六五六冊は、国宝に指定された。鎌倉時代から江戸時代にかけての文書である。記録を残すことの大切さを改めて考えさせられる。）。

一三四六年〔貞和二年〕の菅浦荘最初の掟には、「ところおきのふミの事」〔おきふみ〕といった具合に、ひらがなが多く用いられ、また、後世まで遵守されるべき趣旨を伝えるために、「置文」〔おきぶみ〕の語が用いられたりも

した。

ただ、それに先立つ一二六二年〔弘長二年〕に、「近江国奥嶋荘」の「隠規文」は、漢文で書かれ、神に掛けて誓う起請文の形式を取っていた。当時、近隣村落との間の漁業権をめぐる熾烈な争いが背景に存在したので、そこには、利敵行為を行った者に対して、在地追放などの重い処罰を科す旨が規定されていたのである。

また、治水や土地の境界を定めた文書も、その種の箱に収められていた。文書の改竄が、村人にとっては、権利・利益の重大な不利益変更の可能性を意味したので、保管者への信頼とその厳重な保管が、不可欠の前提条件だったのである。

さらに、「惣」自体が、あたかも法人のように権利主体としての行為を行うこともあった。たとえば、一五四六年〔天文一五年〕に、京都西南の西岡辺りから起こったいわゆる「天文の徳政一揆」では、惣が徳政を申請するといった事態が生じた。徳政令の発布後、小口債務者である町人や農民が、個人で徳政の申請すなわち債務免除などを求めるといったことはなく、町や村が主体となって徳政を申し立てたのである。それは、借入れの仕方にも関わり、「惣」自体が、債務者となって「惣借り」を行っていたことにもよる。また、集団的な法的救済制度を考える際にも示唆的である（現在における、民法上の権利能力なき社団や民事訴訟法二九条等を参照）。

この徳政令では、比較的多くの債務を抱えていたと考えられる京の町人たちではなく、周辺部の村の方がより多くの徳政の申請をしている点にも特色があるという。これは、一方で、惣村という共同体が、自治に基づく団結力が強く、一致した行動が取りやすかったことが、その理由として挙げられるが、他方で、商工業に従事している町人は、後の金融のことを考えると、徳政を要求しにくかったのではない

かとも分析されている。

5　謙抑的な自力救済観と共生関係の回復

さて、中世社会の特質は、侵害された権利を公権力によらずに権利者が実力によって回復する「自力救済」行為が、権利者の正当な行為として許され、公権力の規制の対象にならなかった点にあると指摘されている。

このことは、中世ヨーロッパでも同様であり、この種の行為は、フェーデ（Fehde）と呼ばれた。それゆえ、地域の平和は、その構成員である権利者の暴力を紛争当事者間で制御したり、また、近隣や地域権力が調停することによって、維持されたのである。前章で述べた「徳政一揆」も、自力救済行為の一種とも評価できるのである。なお、ベトナムでも「郷約」による村の自治がよく知られている。

さて、中世社会といっても、全くの暴力のみで権利の実現が図られたわけではなく、洋の東西を問わず、自力救済には一定のルールが存在していたことが、近時明らかにされている。

たとえば、まず第一に、私闘や私戦の前には、相手方に対する宣戦布告の行為が不可欠とされた。日本の中世における「牒を通わす」といった行為や、ヨーロッパ中世における「フェーデ通告状」が、それである。これにより、武力衝突が回避される場合もあり、またこれは、相手方に対して、衝突を回避するために時間の猶予を与える意味をもっていた。

第二に、たとえ私闘や私戦が実施された場合でも、「同害報復」つまり同程度の報復が妥当とされ、不相当な報復つまり過剰反応は抑止された。

第三に、その闘いの敗者らが寺社や教会などといったアジール（避難所）に避難した場合には、その生命は最低限保障するといった社会通念も存在したのである。

ここで、とりわけ「同害報復」つまり「等量の復讐」という考え方は、人命の損失を最小限に抑止しながら紛争を終結させることを目的とした当時の知恵でもあったと考えられる。たとえば、当時、まず「質取」といった社会慣行が存在した。これは、被害者側の村落が復讐を行う前に、加害者本人の所属する村落の別の構成員を人質にとって、その村落に対して加害者本人の処罰を要求する慣行である。相手方がそれを呑めば、村落間の争いが終結することになる。

また、等量の復讐という考え方を形式的に実現するための制度として、「解死人」の制度も存在した。これは、一方の村落の構成員が他方の村落の構成員一人を殺してしまった場合に、被害者側の村落に対して、一名を解死人として差し出すことで、復讐を回避する制度である。そこでは、村落内の人間の価値に歴然とした格差が存在したのである。なお、通例、解死人の差出しと同時に、加害者側の村落の代表者から被害者側に対して「謝罪の礼」もとられたという。

このようにして、復讐の終結が近隣に周知され村の平和が公示されたのである。

日本の中世の場合には、ほとんどの私闘は泥沼化する前に、このような当事者間のやりとりを通じて、その終結を見ていたという。そこでは、理非・正邪の判断よりも、むしろ、将来にわたる「共生関係の修復」に重点が置かれていた。ともすれば激化しかねない自力救済を自己抑制するために、各地において、暴力行為、ひいては復讐行為の無限連鎖を自己制御するための知恵やルールが存在したのである。それは、究極的には、惣村の弱体化を防く、その共同体の最下層の人物等が差し出されたとのことである。

また、近隣などの中立的な第三者が仲裁に入ることによって、その終結を見ていたという。

止するためのある種の英知だったのかもしれない。近隣の村等が、弱体化した村の状態につけ込んで漁夫の利を収めることを防止する意味合いも有していたと考えられるからである。

なお、「近江国菅浦荘」の惣掟には、何らかの犯罪を犯して死刑や追放刑に処せられた村人の家は、家財を没収され家人が追放されるのではなく、子息に継がせるのが望ましいとも記されている。これも、永続性をもった家を存続させることで、共同体の基盤の維持を図ったものと考えられるのである。

6　中世の町の自治

これまで、村の自治を見てきたが、中世の町もまた自治権を獲得していった。

たとえば、京都の南西に位置し、桂川、宇治川、木津川の三川が合流し淀川に流れ込む地に、「大山崎」の町が存在する。そこは、羽柴秀吉（一五三七年〔天文六年〕二月六日～一五九八年〔慶長三年〕八月一八日）と明智光秀（一五二八年〔享禄元年〕？～一五八二年〔天正一〇年〕六月一三日）が戦った天王山山崎の合戦の舞台であるが、古くから交通・軍事の要衝の地でもあった。大山崎は、室町幕府方につき、幕府から、在所の守護不入権を獲得し自治の基盤を獲得した。また、対岸の石清水八幡宮との間で激しい闘争を行った後にその支配を排除し、戦国期には、「惣中」の自治・自検断を獲得した。それを基盤に、大山崎は、幕府の支配地域で油の原料となる荏胡麻を購入し、製油販売の独占権を獲得し、後に西日本一帯の油商人をその支配下に置くことになった。一介の油売りから美濃一国の大名になった斎藤道三（？～一五五六年〔弘治二年〕四月二〇日）も、その一人であったという。

大山崎の町は、このような富を背景に、領主の年貢の取立てを請け負い、さらには、領主権の永久買取りまで行ったという。江戸時代にも、この既得権が承認され、さながら西洋の自由都市のような観を呈していたという。ただ、そこで承認された自治・自検断は、大山崎の住民全体のものではなく、また、惣中の構成員も、一定の身分をもった男子に限られていたとのことである。

さらに、当時の町の中には、「徳政免除権」を獲得する町も出現した。徳政令は、借主を保護し、土地の所有権者を保護したが、その反面、債権者である金融業者（土倉）は、債権書証がいつ反古になるか分からない不安定な状態に置かれた。そのような状況では、安んじて商売など行うことはできない。

そこで、都市が、徳政免除権を要求する例が現われたのである。大山崎が、最初にその権利を認められて以降、大坂寺内町、富田林、堅田、堺、博多、そして、安土のほか様々な城下町などが、この権利を獲得した。

堺の町は、周囲に環濠がめぐらされていたことで著名であるが、この環濠とは文字通り堀であり、周辺農民らによる徳政一揆などから、町を護る役割をも果たした。

なお、中世末の町社会では、町内の住民が守るべき規則が成文法化されたりもした。これは、たとえば、町法、町式目、町法度、さらに町定などと呼ばれる。

ちなみに、福岡近郊の宗像・福津では、「定礼（常礼）」と呼ばれる制度である。その地区の医師（定礼医）は、患者を診療し投薬をしても、その住民の経済的な事情から費用を受け取れないこともあった。そのような場合には、その地区の漁民たちが結束して、薬剤が不足するといった事態も生じたのである。医師に支払う費用を稼ぐために漁に出て、魚を売って得た収益金を医師に差し出すといった慣行や、村人が話合い医師にかかるかどうかにかかわらず収入に応じて一定額の米や金銭を医師治的な社会保障制度が存在した。それは、国民健康保険制度が実施される近年に至るまで、興味深い自

72

に渡しておく慣行が形成されていたという。住民にとっては、その地域に医師が存在すること自体、安心の源泉であり、地域全体で医療制度を支えるシステムが、すでに江戸時代に、「礼」の実現というかたちでできあがっていたのである。

これは、地域的な顔の見える相互扶助の一形態であり、頼母子講以上に、より広いセーフティネットの形成に寄与していたとも考えられる。また、人間生活において、医師というものが不可欠であるがゆえに、地域住民がそれを自治的に支える積極的な動機ともなったのであろう。ともかく、特定の地域において、このような医療の専門家をサポートする慣行が存在していたことは、地域の自治を考える視点からは興味深い。「定礼」は、後に国民健康保険制度が創設される際のモデルにもなったという。

なお、全国各地の農村には、古くから相互協力扶助の組織として「結」という制度も存在する。

ちなみに、今時の司法改革の起点ともなった『司法制度改革審議会意見書』では、二一世紀の日本の司法を支えるあるべき法曹像として、「社会生活上の医師」という比喩を用いている。尊敬の念を込めて「国手」とも呼ばれる医師が、人間の身体上のトラブルを解決する手助けを与えるように、たとえば弁護士は、人間社会における法的なトラブルを解決する手助けを与える身近な専門家として活躍することが期待されているのである。ただ、比喩でしかアピールできないその職業上の使命には、ある種庶民からの隔たりも感じられる。

7　「分国法」による自力救済の禁止と裁判権の掌握

さて、中世・戦国期には、大小様々の群雄が全国各地に割拠した。しかも、下剋上の時代であった。

戦国大名たちは、領国の安寧の確保や紛争の解決に腐心した。

たとえば、古い時期の分国法である「相良氏法度」は、肥後国人吉（ひとよし）を本拠地とした戦国大名相良氏の法典であり、立法手続や裁判手続を含み、用水や土地売買などに関する実体規定も含んでいた。形態としては、前章で述べた「一揆契状」的な特徴を有しているという。

また、諸国の守護代の中で、いち早く守護職を得て、戦国大名に成り上がった、越前の朝倉孝景（一四二八年〔応永三五年〕四月一九日～一四八一年〔文明一三年〕七月二六日）は、「朝倉孝景十七箇条」を作り、領国支配を確立した。そこでは、たとえば、朝倉氏以外の者が領内に城郭を築くことを禁止し、家臣たちを一乗谷に結集させ、集権的な支配構造を確立した。さらに、朝倉家の家老や奉行は世襲ではなく、家臣の器量と忠節の度合いで登用を行うこと、百貫文の名刀一本よりも、一貫文の鑓百丁（やり）の方が役に立つこと、京から猿楽師を呼ぶくらいなら、その金で猿楽者を京に上らせて習わせた方が、領国で長く楽しめること、そして、裁判は、理非曲直を明らかにしなければならず、それができなければ敵に攻め入る隙を与えることになることなども、そこには明記されていたのである。

さらに、一五六七年〔永禄一〇年〕に、南近江の六角氏父子（六角義賢・義治）がその有力家臣団二〇名と共に誓約した「六角氏式目」には、自力救済の禁止と裁判権限の掌握が謳われていた。すなわち、野山の境界相論や用水相論でも、復讐は自制して六角氏の法廷に提訴すべきであり、六角氏は、その科（とが）（罪科）に従って速やかに判決を下すべきことが記された。提訴せずに武力行使を行えば、それ自体犯罪となり、その共犯者も処罰し、また、惣村全体で合戦に及べば連帯責任として処罰することも明記されたのである。ここでは、領国支配の危機に直面した戦国大名が、自らの手による領内の首尾良い紛争解決を重視し、惣村から自力救済権限を奪っていった

過程をも垣間見ることができる。契約締結の形式をとった制定方式も興味深い。それは、マグナ・カルタ（Magna Carta, 一二一五年）の制定形式と似ているからである。

また さらに、「早雲寺殿二十一箇条」をもつ北条氏も、百姓に礼を尽くし、裁判権の掌握に努めた。たとえば、北条氏三代目の当主、北条氏康（一五一五年〔永正一二年〕～一五七一年〔元亀二年〕一〇月三日）は、万民を哀憐し、百姓に礼を尽くせば、国は自ずから治まると考え、小田原城や領国の支城に「目安箱」を設置した。そこに目安（訴状）が投入されると、北条氏の評定衆は、注目すべきことに相手方から相目安（答弁書）の提出を求め、審議を行い判決を言い渡したという。扱われた紛争は多様であり、そこには、村落間の境界や用水をめぐる相論も含まれていたという。

たとえば、石田三成（一五六〇年〔永禄三年〕～一六〇〇年〔慶長五年〕一〇月一日）も、一五九六年〔慶長元年〕に、領国における紛争解決システムを十全に機能させるために、「何事によらず、百姓めいわくの事候はば、めやす（目安）にて、そうしや（奏者）なしにそう（訴訟）申すべく候」といった基本方針を掲げた。村落の紛争に関しても、自力救済を禁止し、不合理な制度でありかつ「費用」のかかる「奏者」による取次ぎの制度を廃して、簡易・迅速な領主への「直訴」を認めたものとして注目に値する。このような例から、領国の支配には、裁判権の掌握と百姓の支持が不可欠だったことが、明らかになるのである（ちなみに、三成の旗印は「大一大万大吉」であるが、これは、一人が万民のために、万民が一人のために尽くせば天下泰平が訪れるという意味であり、One for All, All for One の精神につながる。後に述べる近江商人の「三方よし」の家訓（→第5章6）も連想させる）。

ほかにも、領国民一般を対象とし、戦国大名の裁判権限を規定した分国法も数多く見られる。そこでは、家臣の裁判権を否定し、戦国大名が裁判権を独占的に掌握し、私成敗などの自力救済行為を禁止し

た。

その象徴が、分国法に見られる「喧嘩両成敗法」である。これは、喧嘩をし実力行使に及んだ者は、その理由に遡って理非を問うことなく、双方一律に厳罰（例、死刑等）に処すことを内容とした。このことは、戦国大名の裁判では、機能・能力面で事件の真相や理非の究明が困難あるいは不可能であったことを意味するのではなく、むしろ、真実の解明以上に領国が分裂したり弱体化する結果、隣接する戦国大名が漁夫の利を得て介入・支配することを避けることに主眼が置かれていたことが明らかになるであろう。

領国の平和は、対内的のみならず対外的にも意義を有したのである。

日本史家の高橋昌明は、中世の近江を描いた『湖の国の中世史』（一九八七年）の中で、次のように指摘する。

「ごく単純化すれば、中世の合戦は戦闘員の死なない戦争だった。

兵を自分で養わねばならない領主層にとって、従者はかけがえのない財産であり、その命は粗略に死地に投入されるものではなかったからである。相手側も同じ事情にあり、こういう状況のもとでは、多数の死傷を伴う武力衝突はたまにしか起こらない。」

このように、戦国期には、村や町のもっていた自治権能は、次第に領主によって吸い上げられていった。それゆえ、天下統一は、一方で全国的なレベルでの平和の形成といった側面をもつものの、他方で、村や町や領国における自治権限の縮小をも伴うものであった。

8　自力救済禁止の代償

このように見てくると、民事訴訟法学界などで自明視されているように、自力救済の禁止が民事裁判権を独占した近代国家の創造物であるといったような考え方は、疑問視されざるを得ないことになる。

すでに、日本の中世社会において、共同体内部や地域社会の間で、自己抑制的な自力救済の考えが、ある程度はルール化されていたことが明らかになるからである。それは、いわば共同体内発的な自力救済自重であり、自治を守り共生を維持するための核となる「私的自治的自力救済自制の思想」であった。

それゆえに、たとえば、国家が自力救済を禁止したことの代償として、私人の権利が侵害されたときには、裁判権を独占している国家がその保護の任に当たらねばならないので、国家は民事訴訟制度を設けているといった考え方は、ある種の方便にすぎないのではないかとさえ思われる。つまり、それは国家による救済の押し付け（私的自治に基づく水平的な自力救済禁止関係の没収）であり、近代中央集権国家がいわば司法を独占することを正当化するための方便とも考えられるのである。しかも、それは、やや後付的な説明にすぎないとも評価できるであろう。

むしろ、いわば自治的な紛争解決能力といった活力を本来的に備えていた地域の各共同体から、近代国家が、知恵の所産とも評すべき「自治・自助の力」や権能を奪い取ったとも考えられるのである。そのことは、中央集権的な裁判制度の起点またはその正当化というより、むしろ、そのようなことを行った国家ゆえにより充実した裁判制度を構築すべき国家の責務の源泉、すなわち、国家が司法過程を通じて、利用者に対していかに自治的な救済確保のフォーラムを提供できるかを規範的に要請する歴史的淵

源とも考えられるのである。

つまり、統一的な司法を実施する権限をもった現代国家が、一方では、全国的な規模でより付加価値を付けた紛争処理を行うことができるフォーラムを提供すべき責務を負い、他方で、本来的に共同体が有していた自治的な紛争処理・紛争予防の豊かなフォーラムを涵養するために、寛容な姿勢をとるべき義務を生み出すことになると考えられるのである。

このように考えた場合には、前者の意味で、『司法制度改革審議会意見書』によって、ようやく幕が開けられた司法改革の流れが、これからも、大きな潮流に発展して行くことが期待される。また、後者の意味では、地方分権の動きとも合流して、地域における豊かな日常生活を生み出す「司法自治」や「地域司法計画」の具体化が、今後探究され実現されるべきであろう。

9 庶民の「統治主体」化

本章では、中世・戦国期の日本においてさえ、自治的な能力を備え、平和を志向する庶民の姿を垣間見ることができた。ただ、自治には自治主体の責任が伴うことも、忘れられてはならないであろう。

町や村の自治は、江戸末期まで確かに続いていた。幕末に日本を訪れ、海軍伝習所で教育の任に当ったカッテンディーケ（Willen van Kattendijke. 一八一六年―一八六六年）は、当時の日本の町人が、ヨーロッパの国々でもあまり類を見ないほどの自由を享受していることに驚いた。そして、彼は、法規や習慣さえ尊重していれば、決して日本が危険な地ではないことを記したのである。

ところで、今から一五〇年以上も昔、アメリカ、ニューイングランドの小さな湖、ウォールデンの畔

の森の生活の中で、自然、人間そして国家を論じたヘンリー・デビッド・ソロー（Henry David Thoreau,
一八一七年〜一八六二年）は、国家と人間のあり方について、次のように論じている。

「国家が個人を、国家よりも高い、独立した力として認識し、国家の力と権威はすべて個人の力に
由来すると考えて、個人をそれにふさわしく扱うようになるまでは、真に自由な文明国は決してあら
われないであろう。すべての人間に対して正しい態度でのぞみ、ひとりの人間を隣人として敬意をこ
めて扱う国家が、ついに出現する日のことを想像して、私はみずからを慰めるものである。そのよう
な国家は、隣人や同胞としての義務をすべて果たしている少数の人間が、国家に口出しせず、かとい
って歓迎もされず、そこから超然として生きてゆくとしても、それが国家の安寧を乱すものだ、など
と考えたりはしないであろう。国家がそのような実を結び、実が熟すればたちまち地上に落下するに
まかせるならば、それはいよいよ完璧なすばらしい国家に向かう道を準備することになるであろう。
私はこれまで、そのような国家についても想像をめぐらせてきたのだが、そうしたものはまだどこに
も見あたらない。」

ソローには、ある逸話がある。

アメリカがスペインとの戦争を遂行するために戦費の調達を目的とした人頭税（担税能力に関わりな
く国民一人ひとりに課された税金）を課した際に、支払いを拒否して投獄されたときの話である。彼の
師である哲学者ラルフ・ワルド・エマーソン（Ralph Waldo Emerson, 一八〇三年〜一八八二年）がやって

79

来て、鉄格子の中にいる君が恥ずかしいと言ったところ、ソローは、逆に、外にいるあなたの方こそ恥ずかしいと語ったという。家族か誰かが「代わりに」税を支払ったので、結局監獄から出ざるを得なかったが、「良心」とは何かを考えさせられる話である。ソローは、『ウォールデン：森の生活』〔一九五四年〕が著名であるが、『市民的不服従』〔一八四九年〕も著している。

今世紀初頭から始まった司法改革の過程において、様々な分野で多種多様な果実が実を結んだ。落下する果実を地上で受け止めるには、優れた知性と技量が必要になる。大切なことは、落ちた果実が育つかどうかだけではなく、新たな果実を生み出すために、不断に議論や努力が行われることである。かけがえのない人生を懸命に生きる人々の手による自治的な司法が、完全に実現できる日まで。

【歴史の寄り道④】甲賀郡中惣

　先に述べた菅浦の例は、農民漁民が村落を自治的に運営する惣村の形式であったが、在地の地侍らが中心となって、村落を自治的に運営し、武装しつつ対外的な独立性を保った地域も存在した。私が生まれ育った滋賀の甲賀地域には、戦国時代に、後者の惣村の形式である「惣」（これは、「甲賀郡中惣」と呼ばれている。）が存在し、甲賀の侍衆が地域的に連合して自治組織を形成していた。その甲賀郡中惣は、矢川神社境内（甲賀市甲南町森尻）で、甲賀郡中における紛争の解決をも行ったという。神社の境内は、世俗の権力から隔絶した特別に神聖な場所と考えられ、そこで決められたことが、神にかけて遵守され履行されたのであろう。

　自治は、先に述べたように、地域の人々の絆の強化につながり、戦国時代には、それが他国からの侵略を阻む力となったと考えられる。その基礎には、自らが創り違い維持し続けた「掟」が存在した。たとえば、室町時代に、十代将軍足利義稙（一四六六年〔文正元年〕〜一五二三年〔大永三年〕）に攻められた、南近江の守護大名、

佐々木高頼（六角高頼）（?～一五二〇年〔永正一七年〕）は、甲賀に匿われ、また、その百年近く後、上洛途上の織田信長（一五三四〔天文三年〕～一五八二年〔天正一〇年〕）に観音寺城を追われた六角義賢（六角承禎）（一五二一年〔大永元年〕～一五九八年〔慶長三年〕）も、甲賀に逃れたが、その背景には、惣の存在が窺われる。甲賀盆地全体が、ひとつの大きな城域を形成していたのである。

現在でも、甲賀の各地の小高い丘などには、土塁を築いた中世の城館が数多く残っている。興味深いことに、その城郭あるいは邸の中には、傑出して巨大なものはなく、その大きさもほぼ同程度である。自制的で謙抑的な「平等」の実践が、共同体の内部自治を円滑に発展させる源泉となったのであろう。なお、司馬遼太郎は、『梟（ふくろう）の城』（一九五九年）の中で、甲賀忍者を、「誠心」をもってよく主人に仕えると記した。

ちなみに、甲賀忍者には、伊賀忍者とは異なり、「上忍」が存在せず、「中忍」の地位にあった甲賀五十三家の自治により、民主的な方法でその行動等が決定されていたという。先に述べた菅浦もそうであったが、甲賀もまた小さな「共和国」だったのである（なお、六角氏から感状を賜った家は、「甲賀二十一家」と呼ばれた。その二十一家は、旧甲賀郡内（現、甲賀市・湖南市）の全域に散在していた。このような共同体の「形式」の中にも、「甲賀はひとつ」であるが、いわゆる平成大合併の際に、当時の首長間の不和軋轢から甲賀郡が二つの市に分かれてしまったのは残念である。）。

そのような民衆の自治と団結は、江戸期の終わりのいわゆる「天保義民」に受け継がれた。これは、一八四二年〔天保一三年〕に、幕府の命により行われた増税目的の不正な検地に抵抗するために、野洲川沿いの農民たちが、庄屋土川平兵衛たちを中心に一斉に蜂起し、「検地十万日之間日延（一〇万日間、検地を繰り延べること）」を獲得した農民一揆の物語である。逮捕され「罪人」とされ一身をもって幕府の苛斂誅求（かれんちゅうきゅう）に抗し（三み）なった者たちに対しては、明治期、自由民権運動の昂揚とともに顕彰の動きが起こり、義民碑が建立された上山麓と伝芳山に建立され、また、一五〇年を記念して、矢川神社参道入口にも立てられた。）。

現在でも、毎年慰霊祭が続けられている（ちなみに、一〇万日とは、永遠を意味するが、仮に一〇万日だとす

れば、約二七三年間の検地繰延べであり、西暦二二一六年頃までである。）。

【参考文献】

・網野善彦『日本中世の民衆像』（岩波書店、一九八〇年）

・網野善彦＝笠松宏至『中世の裁判を読み解く』（学生社、二〇〇〇年）

・勝俣鎮夫『戦国時代論』（岩波書店、一九九六年）

・川嶋四郎『民事訴訟の手続とその基本的な考え方』法学セミナー五四五号三六頁（二〇〇〇年）

・川嶋四郎『差止救済過程の近未来展望』（日本評論社、二〇〇六年）

・川嶋四郎『民事救済過程の展望的指針』（弘文堂、二〇〇六年）

・川嶋四郎『公共訴訟の救済法理』（有斐閣、二〇一六年）

・神田千里『戦国乱世を生きる力』（中央公論新社、二〇〇二年）

・蔵持重裕『中世村の歴史語り：湖国「共和国」の形成史』（吉川弘文館、二〇〇二年）

・久留島典子『一揆と戦国大名』（講談社、二〇〇一年）

・坂田聡＝榎原雅治＝稲葉継陽『村の戦争と平和』（中央公論新社、二〇〇二年）

・清水克行『喧嘩両成敗の誕生』（講談社、二〇〇六年）

・清水克行『戦国大名と分国法』（岩波書店、二〇一八年）

・高橋昌明『湖の国の中世史』（平凡社、一九八七年）二〇〇八年には、中公文庫から増補版が刊行されている。

・田中克行『中世の惣村と文書』（山川出版社、一九九六年）

・徳永真一郎『近江歴史散歩』（創元社、一九六六年）

・徳永真一郎『燃ゆる甲賀』（光風社出版、一九八二年）

・三浦周行『国史上の社会問題』（岩波書店、一九九〇年〔初出、一九二〇年〕）

・畑中誠治＝井戸庄三＝林博通＝中井均＝藤田恒春＝池田宏『滋賀県の歴史』（山川出版社、一九九七年）

・水林彪＝大津透＝新田一郎＝大藤修編『法社会史』（山川出版社、二〇〇一年）

・宮島敬一『戦国期社会の形成と展開』（吉川弘文館、一九九六年）
・宮本常一『絵巻物に見る日本庶民生活誌』（中央公論社、一九八一年）
・山本博文編集代表『歴史学事典9〈法と秩序〉』（弘文堂、二〇〇二年）
・歴史学研究会編『紛争と訴訟の文化史』（青木書店、二〇〇〇年）
・脇田喜智夫『地域司法計画』自由と正義五三巻六号二三頁（二〇〇二年）
・脇田晴子『大系日本の歴史7〈戦国大名〉』（小学館、一九九三年）
・渡辺京二『日本近世の起源』（洋泉社、二〇〇八年）
・カッテンディーケ（水田信利訳）『長崎海軍伝習所の日々』（平凡社、一九六四年）
・ヘンリー・D・ソロー『市民の反抗、他五編』（岩波書店、一九九七年）、等

■　第4章　扉写真

中世の惣村「菅浦」、西の四足門。扉も塀もない。この先左手の石段は、須賀神社の社殿に通じる。そこには、国宝『菅浦文書』（鎌倉〜江戸期の文書等）が保管されていた。村域は、「菅浦の湖岸集落景観」として国の重要文化的景観に選定されている。（筆者撮影）

第5章

■明治近代司法の底流を見つめて

江戸庶民の法と司法の見方

　人々の法感覚が、過去よりもより研ぎ澄まされてきたと思われる現代の日本社会においてさえ、江戸期の「大岡裁き」は、庶民から、喝采をもって迎えられているようである。しかし、たとえそれが後世の創り話であっても、そこには無意識のうちに、庶民の脳裡に「負の裁判イメージ」を、確実に刷り込ませているように思われる。

　江戸時代における学問や正義感は、現代に続く日本社会の基礎を築くために大きく貢献したと推測される。日本の特に「鄙」と呼ばれる地域にも、数多くの学問の場が存在したことは驚くべきことである。寺子屋は数多く存在し、著名な私塾も、都市部だけではなく、各地方にも存在し、全国各地から学問を希求する人々がそれらの地方にも集まった。昌平坂学問所は存在したものの学の領域における中央集権化が進んでいなかった時代の「学問の自由」の原風景である。

　本章では、江戸期における価値観の多様性に思いを馳せ、人と司法と正義感の一端を垣間見て行きたい。

1　荻生徂徠の卓見

私は、苦しかった大学（大学院）時代に、江戸中期の儒学者、荻生徂徠（一六六六年〔寛文六年〕二月一六日～一七二八年〔享保一三年〕一月一九日）の『政談』〔一七二六年頃〕から、どれだけ励まされたことか分からない。

徂徠は、「学問」すなわち「知」と「学び」の意義を力説し、当時の幕府における為政者たちを痛烈に批判した。たとえばこうである。

「さて学問ある人をえらみて御役人に仰付けらるるようにもあらば、学問ははやるべき也。されども学問なくとも、知行高と家筋にて御役人にははなる事と、人々覚え居る事なる故に、気詰まる事はせぬ道理なり。」

ここで、徂徠は、むろん「知」を、「学歴の高さ」で量ったのではない。学びとそのためのモラール（志・気概）の高さの重要性を強く説いたのである。

彼は、江戸で塾を開いた。しかし、貧しくて食べ物にも苦労した。彼は、近所の豆腐屋の援助で、細々と食をつないだのである。……それはともかく、滋賀の甲賀の田舎から学を志して東京に出ることを許してもらった私は、両親から大学院への進学を随分と心配された。それは、所詮、学閥、閨閥依怙贔屓およびコネの跋扈していると考えられた、いわば「白い巨塔（黒い巨塔？）」の世界に、息子が自ら

85

飛び込むことに対する両親の切実な不安の現われでもあった。

さて、本章では、封建時代と一括りに扱われるものの、徂徠を初めとして、様々な分野で多様な異才を数多く生み出した江戸期における司法を、何人かの人物に特に焦点を当てて見て行きたい。徂徠のほんのわずかな言葉に接しただけでも、その現代的な通用性は、明白なように思われるからである。

なお、徂徠は、学問と歴史についても、先に一部引用したが、興味深い言葉を残している。

「学問は飛耳長目の道と荀子も申し候。

この国にいて見ぬ異国の事をも承り候は、耳に翼できて飛びゆくごとく、今の世に生まれて数千載の昔の事を今日見るごとく存じ候ことは長目なりと申す事に候。

されば見聞広く事実に行きわたり候を学問と申す事に候ゆえ、学問は歴史に極まり候。」

2 朝日文左衛門の法感覚

江戸時代と言えば、まず想い起こされる痛快な人物がいる。

尾張藩士、朝日文左衛門重章（一六七四年〔寛文一〇年〕〜一七一八年〔享保三年〕）である。

彼は、五代将軍、徳川綱吉（一六四六年〔正保三年〕一月八日〜一七〇九年〔宝永六年〕一月一〇日）の治世、すなわち元禄時代を生き抜き、克明な日記を残した。それが『鸚鵡籠中記』であり、そこからは、江戸期の一市民の「法」、特に「悪法」に対する考え方の一端を窺い知ることができる。当初の内容は、文左衛門が一四歳のときに、天下の悪法と評される「生類憐れみの令」が出された。

86

生きた鳥や魚を売ることを禁じ、病気の牛馬を捨てることを禁じる程度のものであったが、年を経るに連れて内容が過激になった。綱吉は、戌年生まれであったため、「犬」に対して異常な執着を示した。たとえば、犬の戸籍を作らせたり、人間並みに犬の死亡届さえ出させたという。野良犬のためには、江戸郊外の中野に広大な敷地をもつ幕府直営の「一大御犬小屋」や「子御犬小屋」を作り、それらを賄うための費用すなわち「犬扶持(いぬぶち)」は、江戸の町民や関東諸国の村方から徴収した。

この悪法は、様々なかたちで執行されていった。たとえば、下水を使って打ち水をするとボウフラを殺すことになるので、それが禁止された。また、その罪に対する現実の刑罰も過酷を極めた。江戸城台所頭、天野五郎太夫は、台所の井戸に猫が落ちたのに気がつかなかったことを咎められ、八丈島に流罪となった。子供の病気を治す薬にするために燕を殺した、只越甚太夫は、小塚原で斬罪となり、その子の竹之丞は、遠島を申し渡された。また、叩きつぶした蚊の血が頬についていたことから、「殺生」が発覚した伊東基久は、流罪となったという。

御三家の中の尾張藩でも、再三再四、殺生禁断の「御停止」の布告が行われた。ただ、それは、幕府の目を意識したかたちだけのものであったといわれている。このような時代に、朝日文左衛門は、その日記の中で綱吉の悪政を糾弾している。彼は、綱吉の「御行跡驚奇にして人意の外に出ること多し。」と記したのである。しかし、彼は、単に筆で「闘った」だけではなかった。その日記によれば、綱吉の死の年までに、少なくとも七十六回も、漁に通い詰めたとのことである。

それが、庶民の「悪法」に対するささやかな抵抗の姿であったのかもしれない。また、御三家の筆頭とはいえ、尾張徳川家が「悪法の現実の執行」に対しては謙抑的にならざるを得ない微妙な立場に在ったことも窺われ興味深い。

なお、綱吉の死とともに、「生類憐れみの令」は廃止された。

3 江戸の裁判：大岡越前と遠山金四郎

江戸時代の司法を象徴するのはお白州である。時代は異なるが、町奉行としては、享保の改革期の江戸町奉行、大岡越前守忠相（一六七七年〔延宝五年〕～一七五一年〔宝暦元年〕一二月一九日）や、天保の改革期の江戸北町奉行、遠山金四郎こと遠山大隅守景元（一七九三年〔寛政五年〕八月～一八五五年〔安政二年〕二月二九日）らの強烈なイメージが浮かんでくる。

大岡越前は、「三方一両損」の「名裁判」が後に創作されるほどの智恵者の奉行である。この話は後世の作とも言われるが、ある男（江戸っ子）が三両入った道具箱を拾った。そこには書付が入っており落とし主が判明した。拾い手が彼のところに届けに行ったら、道具箱はともかく、その三両は、いったん手から離れた物なので受け取れないと言った。また、拾い手も、拾ったものを自分のものにすることはできないと言う。ともに粋な江戸っ子である。そこで、お白州で裁きを受けることにした。大岡忠相は、両者の言い分を聞いた上、結局、その三両に自分の懐から出した一両を加えて、それを等分し、両当事者に各二両ずつ与えた。大岡も、各当事者も、形式的に見れば皆一両ずつ損をしたように見えることから、「三方一両損」などと呼ばれたのである。

また、遠山金四郎は、天保の改革の最中に、水野忠邦（一七九四年〔寛政六年〕六月二三日～一八五一年〔嘉永四年〕二月一〇日）や鳥居耀蔵（一七九六年〔寛政八年〕一二月二四日～一八七三年〔明治六年〕一〇月三日）らによる江戸市中の過酷な取締りに抵抗し、たとえば、株仲間の解散、芝居小屋の移転および寄席

の全廃等に反対したために市政から外された。しかし、彼は、水野・鳥居らの失脚によって、後に江戸南町奉行に返り咲いた。

大岡越前も遠山金四郎も、いわば「庶民の心」を理解できる名奉行であった。それゆえに講談の花形になり、現在でも市民の喝采を浴び続けているのである。

しかし、当時は、実際に奉行自らが、裁判官として手腕を発揮できることは少なく、「大岡政談」などの流行は、むしろ硬直した裁判に対する庶民の名裁判官待望論を反映しているとの見方も示されている。この問題については、本章の最後で、再び考えてみたい。

ところで、彼らが担当した江戸の裁判には、「吟味筋」と「出入筋」との区別が存在した。「吟味筋」は、現在の刑事裁判に相当し、「出入筋」は、おおむね民事裁判に相当する。「吟味筋」で裁判される事件は、「吟味物」、出入筋で裁判される事件は、「出入物」または「公事」と呼ばれた。この言葉から明らかなように、次章で述べる明治のごく初期の裁判も、その名称から明らかなように、江戸期の裁判手続をそのまま承継するものであった。「吟味筋」に関しては、森鷗外（一八六二年〈文久二年〉一月一九日～一九二二年〈大正一一年〉七月九日）の短編『最後の一句』（一九一五年）も、印象的である。これは、訴訟のために江戸に出府した者を宿泊させ

る宿であり、そこでは、訴訟手続等を教え、当事者の訴訟迫行の手助けをすることが認められていた。

それと同時に、「公事宿」は、公認と引き替えに逗留した者の監視の役も仰せつかっていたという。紛争当事者は、訴訟が続く限り滞在し続けなければならず、その費用もかなりの額に上ったという。一般に、「出入筋」の民事訴訟では、訴訟に勝てば相手方から損害賠償金等が取れるために、たとえ勝訴しても、費用、時間および労力の負担

「公事」の隆盛とともに、「公事宿（くじやど）」も生まれた。これは、訴訟のために江戸に出府した者を宿泊させ

れるといえるが、「吟味筋」の刑事訴訟の場合には、たとえ勝訴しても、費用、時間および労力の負担

のみが残ることになった。ただ、それは名誉・人格や生命・身体の自由に関わる問題であった。

ところで、「公事」とは興味深い用語である。その語義は広く、たとえば、公務、朝廷の儀式、荘園制における年貢以外の雑税や賦役の総称、さらには、訴訟およびその審理・裁判などを意味するとされている。

裁判のことを「公事」と表現するようになったのは、室町時代あたりからであるともいわれている。『日葡辞書』（一六〇三年〜一六〇四年）の「公事」の項には、「訴訟沙汰」、「主君の課する税、または課役」が記されているが、そのほかに、「くじをする」という用語が記されており、それは、「天然痘にかかる」という意味であるという。日本史家の網野善彦は、これも、間違いなく「公事」に由来するものであり、「いやなことだけれどもだれもがしなくてはならない、世間一般の人のみなさることという意味でしょうか」と指摘している（さらに、それに続けて、網野は、「天然痘がそれだけはやっていたのだと思いますが、同列に論じられていることは、確かに興味深い。しかも、当時「年貢」のことを「公平」とも表現されていたという。

「訴訟（訴訟追行〔当事者の視点〕・裁判〔国家等の視点〕）」が、「税（納税〔当事者の視点〕・課税〔国家等の視点〕）」と「税（納税〔当事者の視点〕・課税〔国家等の視点〕）」と同列に論じられていたことは、かなり大切なことだと考えます。」と付言している。）。

これらは、日本では、民事訴訟でさえ、一定の負担を伴う公的な営みを意味するのであり、当事者に対して一定のルールに従うことを要請し、社会（国家等）に対して公正・平等なフォーラムを創出すべきことの要請さえ含意しているようで、興味深い。しかもそこには、『司法制度改革審議会意見書』における、「司法・裁判＝『公共性の空間』論」への展開の萌芽さえ見られるのである。

なお、江戸期には、正式な手続によらない訴訟手続も存在し、それらは「越訴（おっそ）」と総称された。その中には、「直訴（じきそ）」、「駕籠訴（かごそ）」および「駆込訴（かけこみうったえ）」、「駆込訴（かけこみうったえ）」および「強訴（ごうそ）」等が存在したが、その方式が決まっていたいたも

のもあったという。たとえば、「駕籠訴」では、「願います、願います」と連呼して駕籠に近づく者を、警護の武士は二回までは突き飛ばすが、三回目には訴状を一応受理するのが慣行であったという。また、八代将軍、徳川吉宗（一六八四年【貞享元年】一〇月二一日～一七五一年【寛延四年】六月二〇日）が創設した「目安箱」への投書は、「箱訴」と呼ばれ、「直訴」が合法化されたものとも評価されている。浅田次郎の短編『柘榴坂の仇討ち』（二〇〇二年）は、登城の途中、雪の桜田門外で駕籠訴を受けた井伊直弼の誠実で温かい対応を描いている。正義・司法へのアクセス論の見地からも興味深い。

4　徂徠と西鶴の著作に見る「江戸庶民金融の蟻地獄」

江戸期の庶民の暮らしぶりを知るために、再び徂徠の『政談』に戻りたい。

徂徠の生きた時代は、大岡越前の時代とほぼ重なる。その時代における庶民金融は、ほんの少し前の日本の状況とよく似た側面をもっていた。それは、高金利を貪る市中金融の跋扈である。徂徠は、『政談』の中で激怒している。「……借貸の法〔では〕、法に違いたる高利は罪たるべし。利息のたまり御定のかぎりをこえたるは取上げあるまじ。」と。

しかし、当時、幕府は、借金銀に関する訴訟があまりにも多くなりすぎ、それが、一般の裁判の妨げとなったので、「金銀相対済令」（一七一九年【享保四年】）を公布し、借金関係の訴訟は受け付けず、当事者間の交渉で解決すべきものとしたのである（同令は、一七二九年【享保一四年】に廃止された。）。

江戸時代における市民の暮らしぶりは概して厳しかった。たとえば、武士の生活については、関ヶ原

91

の戦い（一六〇〇年〔慶長五年〕）の後三〇年を経過した頃には、すでに貨幣経済の荒波は、武士の足下を洗い始めていた。御上に拝借金を求める者も多く、副業として商売を行う下級武士も少なくなく、処罰される者さえいた。また、武士が、財産目当てに、町人の家から養子を迎えることも盛んに行われたという。

大坂の庶民の生活を描いた、井原西鶴（一六四二年〔寛永一九年〕～一六九三年〔元禄六年〕八月一〇日）も、金にまつわる逸話を数多く書き記し、「世の人はかしこきものにて又だましやすく候」とか、「世界にこはきものは酒の酔と銀の利にて御座候」などと、作中の人物に語らせている。

さらに、少し前に発見され解明された「加賀藩御算用者」猪山家の債務整理の実態は凄まじい。幕末に近い一九世紀の中頃、猪山家は多額の借金を抱えていたという。負債総額は、年収の約二倍に膨れあがっていた。多方面から借金をしていたので、その利息も高かった。年利一八％の借金が多く、年利一五％のものは、まだ低い方であったという。当時は、武士同士の頼母子講（無尽講）も盛んに行われたが、親族関係自体が、即座に金融関係に転化され得る性格のものであった。

一八四二年〔天保一三年〕、猪山家は、「債務整理」を決意した。その内容は、家族が家財を売り払って借金を返すというものであった。家族全員がこれに同意し、古道具屋が呼ばれ売却が行われた。そして、猪山直之は、二度と借金を負わないように計画的に家計を管理する意図で、詳細な家計簿を付け始めた。このような彼の債務弁済にかける熱意は評価された。彼は、妻の実家からも資金援助を得ることができ、また、債権者の中には分割弁済に応じる者も出てきたのである。

5　中江藤樹と熊沢蕃山

このような時代に、陽明学者、中江藤樹（一六〇八年〔慶長一三年〕三月七日～一六四八年〔慶安元年〕八月二五日）と、後に反骨の学者となる、熊沢蕃山（一六一九年〔元和五年〕～一六九一年〔元禄四年〕八月一七日）との出会いは奇跡であった。

若き蕃山は、自己の師を求めて岡山から旅立った。近江にまで辿り着き、ある田舎の旅籠に泊まった。彼は、隣の部屋から聞こえてくる会話に惹き付けられた。ある武士が、次のように語っていたのである。

その武士は、主君の遣いで江戸に上った帰りに、主君から金子数百両を預かった。ある村に至ったときに、馬の鞍に結び付けた金子のことをすっかり忘れてしまっていた。しかし、気づいたときにはすでに遅く、馬子も馬も返した後であった。彼は、自分の犯した失敗の大きさを悔い、切腹を決意して遺書を認めた。ところが、その夜半遅く、何者かが宿の戸口を叩いた。家に帰り着いてその金子を見つけた馬子が、夜道を歩いて届けに来てくれたのである。彼は、武士が差し出した多額の謝礼を断った。彼が受け取ることができると言ったのは、すり減った草鞋を買い替えるための代金、四文だけであったという。その武士は、なぜそのように無欲な人間になったのかと、馬子に尋ねた。彼の口から出たのが、

「藤樹先生」の名であった。

『代表的日本人』（一八九四年・一九〇八年）から内村鑑三（一八六一年〔万延二年〕二月一三日～一九三〇年〔昭和五年〕三月二八日）の言葉を借りよう。

「私のところの小川村に、中江藤樹という人が住んでいまして、私どもにそういうことを教えて下さっているのです。先生は、利益をあげることだけが人生の目的ではない。それは、正直で、正しい道、人の道に従うことである、とおっしゃいます。私ども村人一同、先生について、その教えに従って暮らしているだけでございます。」（鈴木範久訳による）

その後間もなく、蕃山は藤樹の門を叩いた。この話は、江戸時代には地方の小さな村落にも人々を導く確かな教師が存在していたことを示しているのである。米子にも大州にも藤樹の足跡が残されている。

明治・大正・昭和を生きた自由人、永井荷風（一八七九年〔明治一二年〕一二月三日～一九五九年〔昭和三四年〕四月三〇日）は、江戸期に思いを馳せて、都心にある不忍池の価値を論じたことがある。すなわち、「都会における自然の風景はその都市に対して金力を以て造ることのできぬ威厳と品格とを帯させるものである」り、「都会もその活動的ならざる他の一面において極力伝来の古蹟を保存し以てその品位を保たしめねばならぬ」と書き、完成された都市美を保っていた「江戸」の変容ぶりに対する憤りを記した。

経済史家の鬼頭宏も、また次のように記している。

「江戸中期は、数量的には経済が停滞したかのような印象を抱かせる。しかし非農業のめざましい発展とともに、サービス化・情報化という、文明成熟化を象徴する社会の変化が起きていたのである。そのなかで、庶民はささやかではあったが、その果実を手にすることに成功した。個人の生活水準の上昇と、それによって可能となった余暇や能力の獲得は、次の時代を作り出す根源的な原動力になったといえよう。」

94

おそらく、人間の歴史は、正の部分も負の部分も、共に基層部分では変わることなく多かれ少なかれ引き継がれていくであろう。不易流行である。「明治期の法と裁判」を下支えするものが、すでに封建時代と呼ばれる江戸時代に築かれていたことを、私たちは忘れてはならないであろう。

6　「三方一両損」から「四方よし（=司法よし）」へ

なお、私は、先に挙げた大岡裁きの「三方一両損」の話からは、かねがね別の意味をも読みとることができると考えていた。

この話は、名奉行の独創的な名案であり、素晴らしい和解的な判決と評価されたりしている。しかも、奉行すなわち裁判官自身も身銭を切っているということで、市民の立場に近づき同じ目線にまで降りてきているので、それは理想的な裁判であると、論じられたりもしている。

しかし、私は、そうとばかりは言えないのではないかと考える。

「一両損」などといった言葉に象徴されるように、裁判所に行けば損をすること、あるいは、譲歩をすることを余儀なくされること、そのような謙譲の美徳が市民のあるべき姿ではないかといったことなどが、知らず知らずのうちに、一般市民の脳裡に刷り込まれているのではないかとさえ、疑いたくなる。

つまり、サブリミナル効果とでもいうべき「民事裁判に対する負のイメージの醸成」にも、この話は密かに貢献しているのではないかと危惧するのである。

裁判になれば、当事者は、それぞれ譲り合うのが理想的な姿であり、そうすれば、判断者も、智恵を出し身銭を切ってくれる。お上の裁判とは、そういうものであると、市民が意識的か無意識的かを問わず思い込むようになっては、日本の司法制度にとっ

ても市民にとっても望ましくないと考えるのである。

ちなみに、これに対して、私自身は、民事裁判というものを、「三方一両損」とは真逆に、より前向きな制度として考えるべきであると思う。

私の妻の郷里、日野は、近江商人をたくさん生み出した。今は静かな町であるが、近江商人の家には、先祖代々家訓が受け継がれている家も、少なくないようである。それは、「売り手よし、買い手よし、世間よし」といった「三方よし」の家訓などは、その典型例である。たとえば、「買い手に喜んでもらえる商売ができることが、売り手の喜びでもあり、そういう信頼に基づいた商いが広く行われることで、世間全体もよくなる」という考え方である。商人として、そのように心がければ、商いの信用が拡大し、商売が繁盛し、日本経済が発展していくと、信じられたのである。これは、含蓄の深い訓（おしえ）だと思う。

これを民事訴訟に置き換えてみれば、「原告よし、被告よし、裁判所よし」ということができる。さらに、原告、被告および裁判所の三者がよければ、世間もよくなっていくと考えられる。つまり、「原告よし、被告よし、裁判所よし、世間よし」である。このように、民事裁判に置き換えれば、「三方よし」を超えた「四方よし」の考え方に展開できるのである。これこそが、「司法よし」ではないかと、私はかねがね考えているのである。

これに対しては、訴訟に勝ち負けが付き物である以上、そもそも「三方よし」などありえないのではないかとの批判も容易に想定できる。しかし、民事訴訟法という手続法の世界では、両当事者が平等かつ公正に扱われることにより、共に手続過程に満足感を覚え、そのことに裁判所も満足を覚え世間の信頼を勝ち取ることができれば、「三方よし」を超えた「司法よし」も可能になると考えられるのである。

【歴史の寄り道⑤】江戸時代にも鉄火裁判

江戸時代に入っても、「神判」は存続した。神判とは、人による裁判ではなく、神意による裁判であり、先に述べた盟神探湯（→第1章1。湯起請（ゆぎしょう）とも呼ばれた。）や鉄火裁判などが典型例である。なお、神判が、起請文を意味することもあった。これは、神仏を仲立ちに締結された契約書であり、もしも違反すれば神仏の罰を受けることを誓った文書である。

たとえば、境界紛争などの難件では、「神慮」（しんりょ）の名の下に「鉄火裁判」が行われた。これは、係争当事者が、それぞれ熱く焼かれた鉄を握って神前に奉納する形式をとる。奉納できるかどうか、またできたとしても、手の爛れ具合などを見て、どちらの主張が正しいかを第三者が判断する裁判であった。刑事裁判でも用いられたが、次に述べるのは民事裁判である。

ここで近江日野の鉄火裁判を挙げるのは、実体的な真実の探求が極めて困難な事案であるにもかかわらず、紛争解決のためには一定の結論が出される必要があることから、結論の妥当性を担保するために、「公正さ」を考慮した手続が採られた事件だからである。

江戸時代の初め、日野川沿いの東郷九箇村と西郷九箇村との間で一〇年に及ぶ入会権に関する紛争が生じた。

西郷に越してきたある智恵者が、自分はかつて鍛冶職人として修業を積んだことがあり、熱すると赤くはなるが熱くならない特殊な鉄（金属）を知っているので、西郷側がその鉄を握れば必ず勝つことができると言ったことから、西郷が鉄火裁判を申し立てた。これに対して、相手方の東郷も、神慮による裁判ゆえに受けないわけにはいかない。西郷側は、その智恵者が、東郷側は、結局名主が、それぞれ鉄火裁判のその鉄を握ることになった。

本件で東郷側は名主が受けたが、一般に他の事件などでは、村の中で弱い立場にある人、たとえば村で扶養してもらっている人や農作業に従事できない者などが、日頃の恩に報いるようなかたちで鉄を握るということもあったようである（その場合に、「勝てば」）その後の生活は保障されたようであるが、負ければ……）。

その裁判は、綿向（わたむき）神社の神前で行われた。それぞれが握る鉄材は、各当事者が持参し、その裁判には、幕府の役人（検査役）が立ち会った。それぞれの村の代表が鉄を握る段になって、裁判官的な役割を担う役人が、東郷

97

は西郷の、西郷は東郷の鉄を握れと命じた。その結果は明白であるが、そこには、当時の人の「プロセスの公正さ」に対する感覚を感じ取ることができる。神判の結果（内実）による説得性というより、むしろ過程の公正さが説得力をもった事件とも考えられる。

【参考文献】

・浅野晃＝谷脇理史編『西鶴物語：自由奔放な西鶴文学の全貌』（有斐閣、一九七八年）

・石井紫郎『日本国制史研究Ⅱ（日本人の国家生活）』（東京大学出版会、一九八六年）

・磯田道史『武士の家計簿：「加賀藩御算用者」の幕末維新』（新潮社、二〇〇三年）

・内村鑑三『代表的日本人』（岩波書店、一九四一年）

・宇都宮健児『消費者金融：実態と救済』（岩波書店、二〇〇二年）（書評として、川嶋四郎・カウサ〔Causa〕四号八二頁も参照）

・江頭恒治『近江商人』（至文堂、一九六五年）

・大平祐一『目安箱の研究』（創文社、二〇〇三年）

・荻生徂徠『政談』（岩波書店、一九八七年）

・笠原一男＝井上光貞『日本史百話』（山川出版社、一九五四年）

・川嶋四郎『民事訴訟過程の創造的展開』（弘文堂、二〇〇五年）

・鬼頭宏『文明としての江戸システム』（講談社、二〇〇二年）

・結束信二『新撰組血風録』シナリオ集（新人物往来社、二〇〇一年）

・神坂次郎『元禄御畳奉行の日記』（中央公論社、一九八四年）

・司馬遼太郎『燃えよ剣（上）（下）』（新潮社、一九六四年）、同『新選組血風録』（中央公論社、一九七五年）

・末永國紀『近江商人』（中央公論社、二〇〇〇年）

・末永國紀『近江商人　三方よし経営に学ぶ』（ミネルヴァ書房、二〇一一年）

・高橋敏『江戸の訴訟：御宿村一件顛末』（岩波書店、一九九六年）

98

・筒井康隆『筒井康隆全集(九)』（ビタミン、日本列島七曲り）』（新潮社、一九八三年）

・野口武彦『荻生徂徠』（中央公論社、一九九三年）

・浜尾四郎『殺された天一坊』（一九二九年）青空文庫所収〔この小説は、二〇一九年の新任裁判官研修において、大谷直人最高裁判所長官が、裁くことの畏れを失うことなく謙虚さをもって職務にあたることの大切さを示すために引き合いに出した。〕

・日野龍夫『江戸人とユートピア』（岩波書店、二〇〇四年）

・日野町史編さん委員会編『近江日野の歴史〔第三巻〕（近世編）』（二〇一三年）

・牧英正＝藤原明久編『日本法制史』（青林書院、一九九三年）〔特に、第一部、前近代法、第五章、幕藩法〕

・松好貞夫『天保の義民』（岩波書店、一九六二年）

・森鷗外「最後の一句」同『阿部一族・山椒大夫、高瀬舟ほか八編』（講談社、一九七二年）

・渡辺京二『江戸という幻景』（弦書房、二〇〇四年）

・スーザン・B・ハンレー『江戸時代の遺産：庶民の生活文化』（中央公論新社、一九九〇年）、等

■第5章　扉写真

江戸時代に境界紛争を解決するために鉄火裁判が行われた、近江日野の綿向神社。日野は近江商人が多数輩出した街で、古い町並みが残る。（筆者撮影）

第6章 明治初期における「逝きし世の日本司法の面影」

■日本人が西欧法に出会う時

　この国は、明治維新以後、ヨーロッパの近代司法制度を継受した。それは、従前の裁判制度とは相当異なり、西欧近代の伝統に支えられた法制度であった。

　明治の初めの日本人は、しかし、それでも新しい裁判制度を創設し、それを運用していた。たとえば民法や商法などといった実体法という裁判規範が、必ずしも十分に整備されていなかったにもかかわらず、相当数の民事裁判が現実に行われていたのである。それは、刑事裁判についても、ほぼ同様に妥当する。当時、裁判官を養成する制度も、また、弁護士を育成するための制度も、必ずしも十分ではなかった。

　社会あるところに紛争があり、そして裁判がある。本章では、このような日本近代の黎明期における裁判制度のありようを垣間見て行きたい。近代の黎明期における法と裁判を一瞥することで、現代司法のあり方を内省する視座を得ることができればと思う。

　なお、夏目漱石は『道草』（一九一五年）の中で次のように記している。

　「世の中に片付くなんてものは殆んどありゃしない。一遍起った事は何時までも続くのさ……」

1 明治初期の裁判との出会い

明治の初めに来日した外国人は、当時の日本について、実に多くの興味深い印象記を残している。その記録の多くが、当時の日本人を「幸福で満足した民」と、表現しているという。来日前には、徳川将軍の長期にわたる専制政治によって民衆が抑圧され続けていたと聞かされていた外国人たちにとって、それは、意外であり驚きでさえあった。

ただそれによって、「彼らの近代西洋文明への自信が揺らいだというのではない。だが彼らは、それとは全く枠組を異にする文明が、住民に幸福を保証しうるという事実を承認せざるを得なかった。……自分たちの到来がこの国にもたらそうとしている変革は、もともと無用なのではないか、この国は今のままで十分幸せなのではないかと。つまり彼らは、おのれが西洋近代文明の一員であることに改めて優越をおぼえながらも、この国の住民にとって《近代》は必要ないのではあるまいかと、しんそこから感じたのである。」

これは、評論家、渡辺京二が、自著である『逝きし世の面影』（一九九八年）に寄せて記した文章の一節である。この書物の一節を、私は、「法整備支援」のために、大阪中之島にある法務合同庁舎を訪ねた際に、ふと想い起こした。

本章では、それに触発され、「逝きし世の司法の面影」として、明治初期の裁判制度を素描してみたい。

さて、その合同庁舎、国際会議室のある二階の片隅の小空間には、古い裁判書の資料が展示してあっ

た。ショーケースに並べられている和綴じの判決原本に何気なく目を落とすと、そこから、明治初期の裁判の一端を垣間見ることができた（いずれの判決書も達筆であった。ただし、個人名等には白紙が張られており、プライバシーには配慮されていた）。

たとえば、一八六九年〔明治二年〕落着の「男女を混浴させた事件」と題された『諸吟味書』には、風呂屋の主人が男女の浴槽を分ける仕切板が外れているのを放置したまま入浴させたので、混浴禁止令（明治元年発布）により、一〇〇円の刑に処せられた旨の説明が付されていた。そのような禁止令を出さざるを得なかった江戸期の風俗を思い、またその罰金の額に驚いた。

また、一八七一年〔明治四年〕落着の「僧侶函訴事件」（『諸吟味書』）は、高野山の僧侶が政府高官を呪詛した嫌疑で逮捕されたことに対して、末寺の僧侶が、これを冤罪として民部省聴訟司に直接函訴を重ねたが、しかし、手順を践まずに嘆願したことが不届きであるとして、七〇日間の閉門に処せられたというものである。「呪詛」という犯罪、この事件の背景、そして、きちんとしたプロセスを踏んでいない罪とは何かについても興味が湧いた。

さらに、一八七五年〔明治八年〕落着の「監舎囚人 賄方臭い飯事件」（『断刑録』）は揮っていた。この事件は、囚人の昼食として、前日の腐敗した飯の上に新しい飯を乗せて出したために、監舎内に激しい臭気が充満し、大騒ぎとなったことの罪が問われたものであった。結果的には、賄方は不問とされ、雇人だけが、懲役二〇日に代えて贖罪金一円五〇銭の刑に処せられたというものである。明治の初期の監獄の状況とその噴飯物の騒ぎを、思わず想像してしまった。

これが、私の明治初期の裁判との出会いである。

2　近代司法制度の形成

すでに、一八六八年〔慶應四年〕の「政体書」の中に、「天下ノ権力総テコレヲ太政官ニ帰ス。則チ政令二途ニ出ルノ患無カラシム。太政官ノ権力ヲ分ッテ立法行政司法ノ三権トス。則チ偏重ノ患無カラシムルナリ。」と明記されていた。不完全ではあったが、三権分立の走りである。

一八七一年〔明治四年〕には、司法省が設けられた。そして、翌年には、設置以来空席だった初代司法卿に、江藤新平（一八三四年〔天保五年〕二月九日～一八七四年〔明治七年〕四月一三日→第**7**章）が就任した。

江藤は、裁判権を民政の一手段と考え、地方官がそれを掌握する裁判制度を否定した。彼は、司法権を、君権（天皇大権）のひとつとして位置づけた上で、司法権は、立法権・行政権から屹然と分離し、自立して、只管律例に準拠して裁判を行うべきであると考えた。特に、オランダの司法制度を参考にして、「司法台」構想といういわば司法制度の改革構想をまとめ上げた（なお、「台」とは、「うてな」であり、四方八方を眺望することができる高殿を意味する。灯台や天文台の台である。）。

これは、「司法台」を新設し、この裁判所を「一等裁判所」として全国の裁判実務を統合化するとともに、その下に、控訴審裁判所としての「二等裁判所」を全国八ヶ所に設け、府藩県には「三等裁判所」を置き、さらに、都市部には「四等裁判所」として「郡坊裁判所」を設置しようとするものであった。しかしながら、この構想は実現されることなく、司法権の独立は実現しなかった。

つまり、一八七二年〔明治五年〕の太政官達「司法職務定制」によって、司法省が、「全国法権ヲ司リ、各裁判所ヲ統括ス」ることとなったのである。裁判所には、予算権も人事権もなく、それらは行政

機関である司法省が掌握していた。このような状態は、戦後に新憲法が施行されるまで続くのである。

裁判所の種類としては、司法省臨時裁判所、司法省裁判所、出張裁判所、府県裁判所および区裁判所の五種が設置された。通常の裁判所としては、司法省裁判所が最上級の裁判所であり、それが後に大審院に発展することとなる。

ただ、その所長は、司法卿が兼務していたので、司法の行政からの分離も完全ではなかった。また、下級裁判所についても、重大な訴訟事件等で「裁決シ難キ者ハ本省ニ伺ヒ出ヘシ」とされていた。さらに、府県裁判所および区裁判所は、全国一斉に設置されなかったので、設けられていない地方では、地方行政機関が裁判所の権限を行使していたのであった。

民事訴訟手続の局面を見た場合に、上記「司法職務定制」にも訴訟手続規定が存在したが、一八七三年〔明治六年〕に、民事訴訟手続に関する「訴答文例」が制定された。また、同年には「代人規則」が、さらに、一八七六年〔明治九年〕には「代言人規則」が制定され、弁護士制度の基礎が築かれた。

3　裁判制度の産みの苦しみ

ただ、一概に裁判所の設置とはいっても、円滑に行われなかった例もある。たとえば、京都府が裁判実務の「引き渡し」に公然と抵抗し、京都裁判所との間に権限争いを惹き起こした事件は著名である。京都府参事の槙村正直（一八三四年〔天保五年〕五月二三日～一八九六年〔明治二九年〕四月二一日）は、地方官として、「人民の訴（民事訴訟）」を聴くことができず、また、「人民の獄（刑事訴訟）」を断ずることができなければ、どのようにして人民を教育し、統治を行うことができるのかと不満を述べた。彼は、

「土地民情」が、裁判所の設置を受容できるまで開花するのを待たなければ、かえって統治の障害となると考えたのである。「権利義務ノ何物タル」かも分からない情況では、府県裁判所を設置することは「時期尚早」であるというのが、京都府の立場であった。地方官による裁判は、一八七六年〔明治九年〕に至って、ようやく全廃されたのである。

また、当時、裁判官の確保も困難を極めた。明治初期に裁判官を養成していたのは司法省法学校であったが、その第一期生一〇名が司法省に就職したのは、一八七六年〔明治九年〕であった。それまでは、日本で正規の法学教育を受けた司法官（裁判官）は存在しなかったのである。たとえば、大津事件の児島惟謙（こじまこれかた）（一八三七年〔天保八年〕二月一日～一九〇八年〔明治四一年〕七月一日）も、現代的な視点から見た場合に、決して正規の法学教育を受けていたわけではなかった（→第9章）。

近代司法制度のごく初期の裁判官は、逆説的ではあるが、今次の司法制度改革の起点ともなった『司法制度改革審議会意見書』〔二〇〇一年〕が新しい法曹の理想として掲げるような「多様なバックグラウンド」だけは有していた。

司法省には、薩長藩閥の外から数多くの英才が集まった。当時の裁判のありようは、たとえば、沼間（ぬま）守一（もりかず）（一八四三年〔天保一四年〕一二月二日～一八九〇年〔明治二三年〕五月一七日）のエピソードからも窺い知ることができる。

旧幕臣の彼は、維新後に横浜で生糸や両替の商売を試みたが揮（ふる）わず、まず、大蔵省に任官し、横浜税関に勤務した。一八七二年〔明治五年〕、司法省が派遣したヨーロッパ視察団に参加し、イギリスで法学を学び、翌年帰国した。帰国後、暫くして判事に任用されたが、彼は、日本の法律についてはほとんど知らな

井上馨（一八三五年〔天保六年〕一一月二八日～一九一五年〔大正四年〕九月一日）の求めに応じて、

った。そこで、彼は、とりあえず、裁判所内では同僚にイギリスの裁判所の話などをして威張っておき、市内の本屋で「新律綱領」（一八七〇年）や「改定律例」（一八七三年）に関する書物を買い求めた。そして、裁判初日には、「人を殺す者は皆斬」という条文だけを覚えて行き、これを適用できる事例を探し出して死刑判決を下した。翌日には、また別の条文を覚えて行きそれを適用するといったことを繰り返し、一ヶ月ほどで日本の法律に精通したという。

弁護士に目を転じた場合に、明治の初めに代言人として活動していた者の中には、海外で法律を学んだ者も存在したが、そのほとんどは、江戸時代から引き続き存在した「公事宿」や「公事師」の流れを汲む者であったと分析されている。関東では、宿屋の番頭や手代が多く、関西では金貸しの業を兼務していた者が代言人となったようである。代言人は、「三百代言」などと揶揄されていた。

なお、当時は、民法などの実体法も未整備の状態であったが、たとえば、明治前期（一八六七年〔明治元年〕から一八九〇年〔明治二三年〕までの間）の名誉回復請求訴訟事件について、判決原本の調査研究から、救済方法の判例による法形成プロセスが解明された。現行民法の起草者は、そこで創造された裁判規範を踏まえて、具体的な救済方法として謝罪広告等を可能とする「名誉を回復するのに適当な処分」（現行の民法七二三条を参照。明治民法の表現は、「名誉ヲ回復スルニ適当ナル処分」であった。）の規定として明文化したことが、明らかにされたのである（さらに、旧民法四一四条三項も参照）。

4 司法府の最高機関としての大審院の設置

近代的な司法制度は、制度上、一八七五年〔明治八年〕の「大審院」の創設から始まる。この年には、

立法府として元老院が創設されたが、三権分立の見地から、司法府の最高機関として、大審院も設置された。それまで司法権が有していた裁判権が、大審院に帰属することになったのである。ただし、実際には、司法卿が裁判官を監督し、庶務を総判し、検事を管掌し、そして検務を統理するといった司法行政権は、依然として司法省に残された（司法省による予算権・人事権等の掌握）。

大審院の下には、「上等裁判所」と「府県裁判所」が設けられた。上等裁判所は、東京、大阪、長崎および福島（後に、宮城〔仙台〕）の四ヶ所に置かれた。現代の視点から見ても興味深いことに、上等裁判所には巡回裁判の制度も存在した。

翌年には、府県裁判所の名称が地方裁判所と改められ、その管内に「区裁判所」も設置された。区裁判所は、民事では、一〇〇円以下の事件を扱うこととされた。ここにおいて、大審院、上等裁判所、地方裁判所および区裁判所という四種の裁判所が設置され、民事について、三審制の審級制度も整えられた。当時は、地方裁判所および区裁判所が第一審裁判所となり、その上級審として、上等裁判所、そして、その上に大審院が設けられたのである。

一八八〇年〔明治一三年〕には裁判所制度の改革が行われた。大審院は、従前のままであったが、上等裁判所は控訴裁判所、地方裁判所は始審裁判所、区裁判所は治安裁判所と名称が改められた。控訴裁判所は、それまでの四ヶ所（東京、大阪、長崎、福島〔後に、仙台〕）に加えて、名古屋、広島および函館の三ヶ所に増設された。裁判所の所在に関する全国的な適正配置が推し進められたのである。

この大審院については、一般に、裁判官人事が政府によって動かされることを免れなかったものの、司法の運営が不公正であり、国民の信頼をつなぎ止められなかったわけではなく、独立公正の点でも、国民の期待を裏切ったことは稀であったといった、肯定的な評価もなされている。また、戦後のGHQ

の調査でも、戦前の裁判官は、「尊敬され、体制の一翼を担う者として信頼さえされていた」といった概括的な評価がなされていた。

しかし、当時の国民が、どれだけ裁判所に対して期待を抱いていたか、また司法へのアクセスはどの程度保障されていたのか、その手続実務がいかに行われていたのかについては、刑事裁判をも含めて詳しく検討がなされるべきであろう。

5　現代司法の「内省的視座」を求めて

最後に、再び、明治期の初めの民事訴訟事件の新受件数に戻ろう。

一八七五年〔明治八年〕、一八七六年〔明治九年〕と数多く提訴された民事訴訟事件も、その後、年を重ねるごとに減少して行った。その理由としては、一方で、本来日本人は権利主張に積極的であったが、その後政府によって訴訟抑制政策がとられた結果、提訴件数が減少したとする見解も示されているが、他方で、それまで国民の間に溜っていた民事事件が当初一挙に裁判所にもち出されたが、それが一応出尽くしてしまうと、新受事件数も社会に見合う事件数に落ち着いていったとの評価も示されている。

ただ、現在の調停に相当する「勧解」の件数は、一八七七年〔明治一〇年〕以降急増し、一八八三年〔明治一六年〕には、一〇九万件にも達していた。

「勧解」とは、紛争当事者の一方の申立てにより、裁判所で判事が和解を試みる制度である。その手続は、市民に身近な最下級の裁判所で行われ、担当判事が、両当事者を交互に呼び出し、双方の事情をよく聞いて説得するというものであった。「裁判支庁仮規則」に基づき、一八七五年〔明治八年〕から民事

訴訟法が施行された一八九一年（明治二四年）まで実施されていた。民事事件の大部分は勧解の手続によって処理され、判決による解決は二割程度であった。その背景には、実体法や訴訟法の法典が未発達で、司法官（裁判官）制度も未成熟であった時代に、江戸期の「内済」が承継されたことが考えられる。

「裁判支庁仮規則」は、第六条で、「凡（およそ）民事ニ係ルモノハ、金額ノ多少事ノ軽重ニ拘（かか）ハラス、詞訟人（しょうにん）（当事者）ノ情願（申出）ニ任セ、之ヲ勧解スヘシ。直チニ該庁ニ願出テ、其事由ヲ陳述スルヲ得ヘシ。」と規定され、広範で柔軟な解決が目的とされ、また、第七条では、「勧解ヲ乞フ者ハ、訴状ヲ作ルニ及ハス。但（ただし）勧解ハ、必（かならず）シモ定規ニ拘ハラサル者トス。」と規定され、口頭での申立ても可能であった。

しかし、一八七七年のドイツ民事訴訟法を継受した一八九〇年（明治二三年）の民事訴訟法では、「勧解」は不採用となった。ドイツ流の民事訴訟法には、そのような手続がなかったからである。後述の『ベルツの日記』の一節も想起される。

ともかく、勧解制度の廃止後、金銭請求事件は、督促手続（現、民訴三八二条以下）で処理され、人事訴訟事件は、地方裁判所の管轄となった。係属中の勧解事件は、経過措置として、起訴前の和解（現、訴え提起前の和解。民訴二七五条）で処理されたが、起訴前の和解（訴え提起前の和解）自体の利用は、その後徐々に減少した。簡易な債務名義（民事訴訟法二六七条、民事執行法二二条七号）の作出手続として有意義な手続ではあるが、非弁行為に対する簡易裁判所の警戒もあり、二〇二一年（令和三年）の司法統計年報速報版によれば、受理件数は全国で僅か一九二〇件であった（前年は、一八八七件であった。）。

先に述べた勧解の件数は、当時の国民が、勧解というADR（Alternative Dispute Resolution. 訴訟外紛争処理手続）に寄せる思いの大きさを窺い知ることができる。それは、当時の民事訴訟制度に対する不満の表われだったのかもしれないが、ともかく、裁判所内における訴訟以外の紛争解決手続の頻用は、

日本では、民事調停や家事調停などのように、今日まで受け継がれているのである。

さて、二〇〇〇年（平成一二年）一一月二〇日に公表された『司法制度改革審議会中間報告』は、この時代について、「明治新政府の誕生とともに近代国家の構築に向けて歩み出した我が国は、やがて大日本帝国憲法の制定、諸法典の編纂を行い、近代法治国家の体裁を整えて、二〇世紀、激動する国際社会に臨むことになった。我が国は、新たな文明に触発されつつ、着実にその国家的課題の達成に向けて歩みを進めたが、やがて混迷する時代環境に直面し、悲劇的な戦争への坂道を転げ落ちていくことになる。」と総括していた。

本章では、主として一八八九年（明治二二年）の大日本帝国憲法の制定前までの裁判制度について素描した。近代的な民事訴訟法が制定されるのは、その翌年の一八九〇年（明治二三年）であったが、その前にも、社会の要請から急遽創設された裁判所を通じて、法が適用され執行されていったのである。

また、明治の初めに御雇外国人医師、エルヴィン・フォン・ベルツは、その日記の中で、当時の日本の「教養人」に関する興味深い指摘をしている（『ベルツの日記』一八七七年（明治九年）一〇月二五日より）。

　「日本人に対して、単に助力するだけではなく、助言もすることこそ、われわれ西洋人教師の本務であると思います。ヨーロッパ文化のあらゆる成果をそのままこの国へ持って来て植えつけるのではなく、まず日本文化の所産に属するすべての貴重なものを検討し、これを、あまりにも早急に変化した現在と将来の要求に、ことさらゆっくりと、しかも慎重に適応させることが必要です。

　ところが、──何と不思議なことには──現代の日本人は自分自身の過去については、もう何も知りたくないのです。それどころか、教養ある人たちはそれを恥じてさえいます。『いや、何もかもす

つっかり野蛮なものでした〔言葉そのまま！〕とわたしに言明したものがあるかと思うと、またあるものは、わたしが日本の歴史について質問したとき、きっぱりと『われわれには歴史はありません。われわれの歴史は今からやっと始まるのです』と断言しました。」（　）内も原文。

これは、廃仏毀釈や文明開化などを目の当たりにしての記述であると思われる。ヨーロッパ人が何百年もかけてやり遂げたことを、維新政府はごくわずかの年月でやり遂げようとするゆえに、驚かれても仕方ない。それは、性急な西洋化に対する警鐘とも考えられるが、現代の視点から見れば、初期の明治政府は、バーミアンの石仏を破壊したタリバンや、古代アッシリアの都市遺跡などを破壊したIS（イスラミック・ステイト）と、ほとんど変わらなかった。不平等条約の改正などといった喫緊の課題はあったが、明治維新以前の民事紛争解決における「和」の考え方、あるいは、合意による紛争解決の手続がどのように処遇されたのかも興味深い。

なお、念のために付言すれば、『逝きし世の面影』を著した渡辺京二は、先に引用した文章で、「日本的なものを讃美しよう」として書いたのではなく、明治初期に日本を訪れた外国人たちが、「おのれの近代文明を、この古きよき文明と取り換えたいとは思わなかった。しかしおのれが何を失ったのかを鮮やかに覚知したとき、おのれの属する近代文明を批判的に内省する視座へおのずと到達した」ということを言いたかったと、記している。私も全く同感である。現代の司法のあり方を内省する視座を得ることが近代の黎明期における法と裁判を垣間見ることで、できればと思う。

さて、一八七八年〔明治一一年〕に、洋装で東北地方を馬に乗って縦断するという壮挙を成し遂げた。そして、一八八〇年〔明治一三年〕、『日本奥地紀行』（原題、『Unbeaten Tracks in Japan』）を公刊した。彼女は、その旅の途中で、しばしば、民衆の無償の親切に出会った感動を記している。

たとえば、新潟と山形の境にある侘びしい山中の村では、休息の場所で普通置いて行くことになっている小銭について、彼女がお茶ではなく水を飲んだという理由で断固として受取りを拒んだ女性の話や、その日の旅を終えて目的地に着いたときに無くなっていることに気付いた馬の革帯を一里も引き返して探しに行った男が、目的地まですべての物をきちんと届けるのが自分の責任であるとして、謝礼を断った話などは興味深い。前章で言及した、熊沢蕃山が旅の宿で聞いた逸話さえ思い出させてくれる。

彼女は、見たことを率直に書いている。栃木県のある村を通りかかったとき、村人たちが集まってきた。彼女は記す。群衆は言いようもないほど不潔でむさ苦しかった。ここに群がる子どもたちは、厳しい労働の運命を受け継いで世に生まれ、親たちと同じように虫に食われ、税金のために貧窮の生活を送るであろう、と。彼女は、旅の先々で、蚤に苦しめられていたのである。

さて、山形の町を訪れた彼女は、裁判所のことにも言及している。民家と比較して、政府の建物は、和洋折衷の様式だが、ベランダを付けたりしているので見栄えがするとか、県庁、裁判所、そして附属学校をもった師範学校、それから警察署は、いずれも立派な道路と町の繁栄にふさわしく調和していると記している。ただ、裁判所については、二〇人の職員が、何もしないで遊んでいるのを見たとも述べている。

しかし、当時の裁判所は、一般にそんなに暇だったのだろうかとの疑問が湧く。民事事件についてではあるが、一八七五年〔明治八年〕に新たに受け付けられた民事訴訟事件の件数が、三二万件以上あったと記録されているからである。当時の日本の人口は現在の約三分の一であり、この新受件数は、一九八五年〔昭和六〇年〕のそれに匹敵する数だったのである。

【参考文献】

・石川一三夫＝矢野達雄編『法史学への旅立ち：さまざまな発想』（法律文化社、一九九八年）
・兼子一＝竹下守夫『裁判法［第四版］』（有斐閣、一九九九年）
・川嶋四郎『アメリカ・ロースクール教育論考』（弘文堂、二〇〇九年）
・最高裁判所事務総局編『裁判所百年史』（大蔵省印刷局、一九九〇年）
・鈴木淳『維新の構想と展開』（講談社、二〇〇二年）
・日本法理研究会編『明治初期の裁判を語る』（日本法理研究会、一九四二年）
・林真貴子「勧解制度から調停制度へ」調停時報、一八三号九四頁（二〇一二年）
・林屋礼二『明治期民事裁判の近代化』（東北大学出版会、二〇〇六年）
・林屋礼二＝石井紫郎＝青山善充編『明治前期の法と裁判』（信山社、二〇〇三年）（特に、林屋、浅古、瀬川論文を参照）
・林屋礼二＝菅原郁夫＝林真貴子編『統計から見た明治期の民事裁判』（信山社、二〇〇五年）
・平松義郎『江戸の罪と罰』（平凡社、一九八八年）
・宮本常一『イザベラ・バードの「日本奥地紀行」を読む』（平凡社、二〇〇二年）
・渡辺京二『逝きし世の面影［日本近代素描1］』（葦書房、一九九八年）（二〇〇五年に、平凡社より刊行）
・渡辺京二『荒野に立つ虹［渡辺京二評論集成3］』（葦書房、一九九九年）
・アルフレッド・オプラー（内藤頼博監訳、納谷廣美＝高地茂世訳）『日本占領と法制改革：GHQ担当者の回顧』（日本評論社、一九九〇年）（原著、一九七六年）
・トク・ベルツ編（菅沼竜太郎訳）『ベルツの日記［上］』（岩波書店、一九七九年〔原著、一九三一年〕）、等

■第6章　扉写真

霞ヶ関の一角、皇居に面して残る、旧司法省本館。現在、法務省赤煉瓦庁舎として活用されている。かつては、この中庭に司法試験合格者名簿が張り出された。（筆者撮影）

初代司法卿、江藤新平の孤独な闘い

■「国民のための司法」の濫觴

　確かに、この国における近代的な統治機構の整備は、岩倉使節団の帰国を待ってその本格的な実行に着手されたが、しかし、司法制度については、その留守役であった江藤新平によって、着実にその基礎が築かれていたと言うことができる。司馬遼太郎は、『歳月』（一九六九年）の中で、行政官の頂点に立つ権力者、大久保利通によって葬り去られた江藤新平を、温かい眼差しをもって描いた。

　江藤の「民の司直（法官）」として、近代司法制度への志は、近時のこの国における司法制度改革にも、確かに引き継がれている。江藤は、「訟を断ずる、敏捷、便利、公直、獄を折する、明白至当にして冤枉なく、且姦悪を為す者は、必ず捕えて折断、敢えて逃るるを得ざらしむ」との理想を示した。

　本章では、非業の最期を遂げたにもかかわらず、近代日本司法の父として讃えることができる江藤について、その悲惨な末期に至る過程を、司法への貢献を中心に見て行きたい。

1　司法改革の「歳月」

この国の近代司法のあり方について、日本で最初に本格的な思いをめぐらせ、日本に居ながら様々な国の司法制度と比較して、本格的な司法制度の定礎に貢献した人物として、江藤新平（一八三四年〔天保五年〕二月九日～一八七四年〔明治七年〕四月一三日）を挙げることができる。

江藤の後半生は、司馬遼太郎『歳月』に活写されている。

この小説では、一人の情熱的でかつ明敏な急進的改革論者が、保守的な官僚政治家、大久保利通（一八三〇年〔文政一三年〕八月一〇日～一八七八年〔明治一一年〕五月一四日）による裁判の名を借りた「私刑」に遭う過程が克明に描かれている。それを学生時代に読んだ私は、江藤の抹殺を図った大久保という政治家に対する陰湿な権力者としての強烈な印象と、民の視線からの高い志を有していながら思い半ばにして悲惨な最期を遂げた理想主義政治家、江藤に対する限りない同情の念を催した。

その江藤は、四〇年という短い歳月における最晩年を、司法制度改革、とりわけ近代的な司法制度の構築に費やしたのである。

司法卿の職にあったとき、江藤は、諸外国の様々な法典を翻訳させた。それが、『憲法類編』。これを読めば、文明の中で国家はどうあるべきかがよく分かると、江藤は考えたという。彼は、「国法制度」という窓から「文明」を理解したのである。

「文明とは人間をよく待遇することだ、とも江藤はいった」、と。

司馬遼太郎は記す。

法制は文明の度合いを測る尺度であると、江藤は考えたのである。文明とは、進化する生き物のようなものである。現代文明の間尺に合わなくなった法制は、改革されねばならない。近時、日本でも司法制度の様々な局面で、改革が不可避的に要請されてきたが、そのような認識をもった人物が、すでに一〇〇年以上前に、この国に確かに存在していたのである。

一九九九年（平成一一年）、内閣の下に司法制度改革審議会が設置された。そして、比較的短期間ではあるものの、密度の濃い広範な議論の末、本書でこれまで何度か言及したように、二〇〇一年に、『司法制度改革審議会意見書』が公表された。現在、この『意見書』をひとつの起点として、司法の様々な領域で改革が着実に具体化され実現されているのである。このような現代における司法の重要性の認識とその着実な改革の歩みを、泉下の江藤がどのように評価しているかについても、興味深い疑問が湧いてくる。

ただ、いつの時代にも、改革は、国家や制度の視点から見れば、既得権益の剥奪と新たな権益の獲得をも伴うものであるので、その抵抗には、時に抗いがたいものさえ感じられる。しかし、誰のための改革であり、何を目的とした改革であるか、そして、何年か先に現在を回顧した場合に、この改革がいかなる意義をもつのかなどを考えた場合に、その改革の目的も方向性も、自ずと明らかになるようにも思われる。

本章では、江藤が志向した近代司法制度の創設の中に、制度改革の原点とその方向性を垣間見て行きたい。

2　江藤の志

早春の佐賀平野は長閑（のど）かである。背振山系（せぶり）の裾野に広がる広大な平野を、田畑を潤す水路が縦横に走り、肥沃な大地に暖かな日差しが降り注ぐ。

一八三四年〔天保五年〕二月。江藤新平は、肥前佐賀藩の下級藩士の家に生まれた。少年時代は、読書に没頭した。そして、生涯に数多くの意見書（上申書）を著した。たとえば、二〇歳過ぎの一八五六年〔安政三年〕に著した『図海策』では、鎖国攘夷論を厳しく非難した。積極的に国際社会に参画し国際正義を貫徹すれば、全世界が自ずから日本の言うことに従うことになるであろうといった壮大な平和的展望を示したのである。それと同時に、逆に攘夷のための戦争を行えば、農民が困窮し国民が飢餓に至ることをも指摘した。

将来を見据えつつ、このような「民」の視点から行う立論は、稀有の「創造の才」をもっと後世評価されることになる江藤の志の基礎に通底していた。彼は、その後も「人民の安堵」という言葉をよく使ったという。その点で、彼は、功名心の権化のような幕末期の浪士たちとは明確な一線を画したのであり、一人の「民」として「民に対する温かい眼差し」は、江藤の思想の基調でもあった。

3　「民の司直」への悲願

江藤は、幕末に早くも維新後を見据えて、新しい国家のマスター・プランの構築のために思索をめぐ

らした。

たとえば、江戸城開城の際の逸話は著名である。人々が幕府御用金の在処を血眼になって探索していたとき、江藤は、来し方行く末の統治のあり方を考案するために、独り、紅葉山文庫などで、「政事向き」に関する書籍簿冊の類を捜索したという。

また、上野彰義隊の戦いの終結後、東京の民生の安定のために市民生活の実態を調査し、一八八六年〔慶應四年〕、『弊害七箇条』にまとめ上げた。特に、救貧問題を第一に挙げ、しかも、市民の訴訟が遅滞し、市民が多大な不利益を被っている現状を喝破した点は、現代的な視点からも注目に値する。訴訟遅延に対しては、当時行政機構を通じて行われていた裁判を、そこから分離し新たに裁判所を設けるべきであると提言した。そこには、「司法権の独立」という考え方の萌芽さえも読み取ることができる。同時に、「人民の安堵」のために裁判所が果たす役割を、彼は重視していたのである。

一八七〇年〔明治三年〕の秋、江藤は、近代国家のマスター・プランとして『政体案』を作成した。そこで、彼は、立法・行政・司法の三権分立の必要性を説き、裁判制度の整備も提言した。「司法権の自立」を強調した江藤は、この時期における稀有の存在と考えられる。また、『政治制度上申案箇条』では、憲法、民法をはじめとする法典の必要性を説き、それらの整備のための具体的方策を建言した。憲法、民法などの国法の翻訳についても、「誤訳も妨げず、ただ速訳せよ」と発破をかけたという。江藤は、フランスの国情を聞くにつけ、憲法などの国法と並んで、民法の存在が「国家富強盛衰ノ根元」であることを切実に感じていたという。

一八七一年〔明治四年〕の廃藩置県により、明治政府は中央集権制度を確立させた。その明治国家は、行政権の強化を最重点目標として構築されたのである。その頃の裁判所は、基本的に司法省の下部組織

にすぎなかった。

そのような状況で、一八七二年〔明治五年〕四月、江藤は初代司法卿に任命された。司馬遼太郎は記している。

「わしがこの世にうまれてきた意義は、日本に法治国たる基礎を建設することにある」、と。

就任後間もなく、江藤は、『司法事務』全五箇条を著し、正式の規定ができるまでの間、仮の規準とした。

それには、まず、司法省が、全国の裁判所を統括し、司法行政事務を執り行うが、裁判の事には干渉しないことが明記された。同時に定められた『司法省誓約』には、その一等最初に注目すべき官吏服務規程が見られる。

「方正廉直ニシテ職掌ヲ奉ジ、民ノ司直タルベキ事」

司法権の行使の任に当たるべき者は、「民の司直」となるべき旨を規定したのである。それに続けて、法の遵守、人民の権利保護、充実した審理と迅速な裁判、冤罪の防止、予防司法の重要性等が、そこには挙げられていたのである。

これらは、後の『司法職務定制』に展開して行くことになる。

その過程で、江藤は、裁判所における審理判決の手続を公開した。新聞記者を招いて、裁判の現場を積極的に報告させた。公正な裁判の存在を周知させることにより、「民の司直」を印象づけるためである。また、フランス法の影響が感じられるが、民事訴訟に検事（検察官）を出席させ、社会的弱者の保護に注意を払い、「貧富貴賤平当ノ権利」、すなわち、「法の下の平等」を実現させようとしたのである。

現代的な視点から見れば、かなりパターナリスティックな観があり、しかも、強権的に映るかも知れ

ないが、司法制度の創設期におけるその信頼獲得の手段としては、興味深いものがある。当時の時代背景を前提にすれば、江藤の「法の支配」に対する強烈な思いを、そこに感得すべきであろうか。

ちなみに、日本等の法整備支援によって、ベトナムでは、二〇〇四年に新しい民事訴訟法が制定された。そこでは、廃止されたものの、民事事件における検察官の全事件立会いの制度が存在した。ベトナムの民事訴訟実務では、フランス法・旧ソ連法の影響を強く受けていたこともあり、そのような行政による裁判監督が、長年実施されてきたのである。それは、司法権の独立という近代憲法の基本原理に抵触するものと考えられるが、しかし、ある意味で、司法権の行使が、国家統治の一作用であり、公益の実現でもあることを如実に物語っていると、考えることができるかもしれない。

4 近代的な司法制度確立指向の挫折

この国の近代化のために司法制度を創設し、法典整備の礎を築いた江藤は、一八七四年（明治七年）一月一七日、前参議の板垣退助（一八三七年〔天保八年〕四月一七日〜一九一九年〔大正八年〕七月一六日）、後藤象二郎（一八三八年〔天保九年〕三月一九日〜一八九七年〔明治三〇年〕八月四日）、および、副島種臣（一八二八年〔文政一一年〕九月九日〜一九〇五年〔明治三八年〕一月三一日）らとともに、有司専制（明治政府の政治が特定藩閥政治家数名で行われていること）を批判し、国会開設を求めて、『民撰議院設立建白書』を提出した。しかし、佐賀の乱の後、同年四月一三日、江藤は、当時の権力者や権力志向者らの後ろ暗い思惑によって、前近代的な処方で、この世から抹殺されたのである。

「梟首」、すなわち、さらし首。

この大久保利通の「私刑」に手を貸したのは、かつて江藤の書生であった河野敏鎌（一八四四〔天保一五年〕一〇月二〇日～一八九五年〔明治二八年〕四月二四日）であった。その一審限りの「裁判」で、河野によって刑が宣告された直後、江藤は、裁判官に物を申すために立ち上がった。しかし、廷吏に素早く縄を引かれたために、江藤が尻餅をついたありさまを、大久保はその日の日記に記している。

「笑止千万」、と。

そこには、政敵を思い通りに葬り去った愉悦を超えて、深い嫉妬に裏打ちされた陰湿な怨念のようなものさえ感じられるのである。ちなみに、河野は、後に、司法大臣、内務大臣、農商務大臣および文部大臣の要職を歴任したという。

ところで、後年、福澤諭吉（一八三四〔天保五年〕一二月一二日～一九〇一年〔明治三四年〕二月三日。↓**第8章**）は、『丁丑公論』〔一九〇一年〕を著し、公開裁判を経ないで江藤らを処刑した政府を強く批判した。その福澤の議論は、後に述べるように、市民感覚を反映できる陪審裁判の必要性にまで展開することになる。

そして、その潮流が、自由民権運動に承継され、陪審制度の創設がそこでの運動目標のひとつに掲げられることになった。その後、大正デモクラシー運動を経て、一九二三年〔大正一二年〕の陪審法の制定（施行は、一九二八年〔昭和三年〕一〇月、停止は、一九四三年〔昭和一八年〕にまで、つながっていったのである。国民の司法参加の一形態と考えられる陪審制度（現、裁判所法三条三項も参照）は、今次の司法制度改革で創設された、刑事裁判における「裁判員裁判制度」という姿で蘇ったとも考えられるのである。

このように、明治維新の直後に、すでに、「国民の司法」、そして、「国民に根ざす司法」などといっ

た考え方の萌芽が見られることは、今日でも忘れてはならないであろう。先駆的な改革者、江藤の遺志が、現代的なかたちに姿を変えて、法の支配の実質化と国民のための司法の構築を説く『司法制度改革審議会意見書』の基礎に確かに受け継がれていると、考えることもできるのである。

【歴史の寄り道⑦】日米内戦比較

江藤新平の墓は、佐賀市内の本行寺にある。その墓標は、彼の背丈のように高い。彼は、その寺の檀家の人々と同じ墓地の中に眠っているのである。

先年私は、同郷の仏文学者、饗庭孝男の『故郷の廃家』(二〇〇五年)に接した。饗庭は、「歴史は空しい」という。私は、それを江藤の人生にも重ね合わせたが、理想主義者、江藤の視界に入ったすべての庶民の小さな数々の歴史が、そこには描かれていたようにも思われた。

饗庭は、記している。

「無数の死者たち、どこかの村の小さな墓地と寺の過去帳に辛うじて名をとどめている人間たちの、かつての息づく声、身振り、つつましい人生を生きた死者たちの鎮魂の歴史を書きとどめることがあってもよい。」「人は生き、愛し、苦しみ、亡くなる。当然のことながら故郷の山河でもどこでも生死の無数のドラマが継起する。緑の生気にみちた夏の光がそこに注いでいる。光も人々の笑い声も、主はかわっても同じように一つの風景と人間の生活を示していることに変わりはない」、と。

司馬の描く江藤の姿からは、江藤が、常にそのような庶民の生活を見ていたように感じられた。江藤が、憲法だけではなく、民法のあり方にも強く興味を抱いていたことにも、それが現われているであろう。

なお、私は、アメリカのノース・カロライナに滞在していた折に、妻とともに、よく南北戦争(Civil War. 一八六一年〜一八六五年)の旧跡を訪ねた。ヴァージニア州アポマトクスには、ユリシーズ・S・グラント(Ulysses S. Grant. 一八二二年〜一八八五年)とロバート・E・リー(Robert E. Lee. 一八〇七年〜一八七〇年)が戦争終結

122

の交渉を行った場所として、当時の小さな町が復元されていた。リーは降伏したが、その後の会談の内容は、非常に興味深い。

グラントの申し出は、簡潔かつ寛大であった。南軍の士官たちは、以後も手持ちの武器もその他の所持品も保持し続けることができた。そして、南軍士官や兵士たちは、馬も持ち続けることができた。それぞれ、帰郷が許され、しかも、北軍などによって妨害されることがないことも付け加えられた。

そして、グラントはリーに尋ねた。どれだけの数の兵士がいるか、そして、彼らが食料を必要としているかどうか、と。リーは、もはや兵士の数がどれだけかを把握していないが、しかし、彼らはすべてきっと空腹であると答えた。グラントは、二万五千人分の食料の提供を申し出た。それに対して、リーは、それが自分の軍隊のために、おそらく最善の効果をもたらすであろうことを告げ、とても喜ばしいことであり、かつ、南部同盟の諸国民の怒りを静めるのに強く作用するであろうことを申し添えた。その後、二人は、再び握手を交わし、リーは馬に乗り自分の軍隊に戻って行ったという。

同じアメリカ国民が二つに分かれ、四年間にわたって戦った凄惨な内戦を目の当たりにして、グラントは、戦争終結後のアメリカという国家と国民のあるべき姿を、そこですでに考えていたのである。

アメリカ合衆国第一八代大統領となった（引退後に、来日もした。）。

これに対して、日本の近代の場合は、そうではなかった。

戊辰戦争などは、その最たるものである。新政府に恭順の意を示した旧幕府軍も追討の憂き目に遭った（西郷と庄内藩の関係や一部長州藩士と会津藩士の関係などの例外はあるが）。その後のいわゆる一連の不平士族の乱も同様である。凄惨さと陰湿さは継続する。その結果、日本国内における感情的な対立のしこりは、現代にまで引き継がれているものさえ、少なからず存在するのである。アメリカ南北戦争の逸話と比較して、明治維新とその後の優勝劣敗のありさまは、後に**11**章でも触れられるように、あまりにも過酷でありかつ陰惨であったように思われる。しかしまた、そのような艱難（かんなん）の中に近代日本を形成する様々な人々や反骨精神の持ち主が誕生した。

時代は遡るが、江戸期の俳人・与謝蕪村は詠んだ。

――「この泥が　あればこそ咲け　蓮の花」

【参考文献】

・饗庭孝男『故郷の廃家』（新潮社、二〇〇五年）
・川嶋四郎『民事訴訟過程の創造的展開』（弘文堂、二〇〇五年）
・川嶋四郎『民事救済過程の展望的指針』（弘文堂、二〇〇六年）
・司馬遼太郎『歳月』（講談社、一九六九年〈文庫版、一九七一年〉）
・星亮一『奥羽越列藩同盟』（中央公論社、一九九五年）
・星亮一『梟示抄』同『西郷札』（新潮社、一九六五年）
・松本清張『女たちの会津戦争』（平凡社、二〇〇六年）
・三谷太一郎『政治制度としての陪審制：近代日本の司法権と政治』（東京大学出版会、二〇〇一年）
・毛利敏彦『明治六年政変』（中央公論新社、一九七九年）
・毛利敏彦『江藤新平：急進的改革者の悲劇〔増訂版〕』（中央公論新社、一九九七年）
・Geoffrey C. Ward, Ric Burns & Ken Burns, The Civil War: An Illustrated History (Knopf, 1990)、等

■第7章　扉写真
　再建された佐賀城本丸御殿。佐賀の乱後に、江藤新平らを裁く「裁判」が開かれた。大久保利通に従って佐賀に入っ
た、江藤の元書生、河野敏鎌が裁判長であったことは本文で述べた。（筆者撮影）

―

二一世紀初頭に始まった司法改革は、大きく分けて三つの柱から成り立っていた。それらを再確認すれば、第一に、国民の期待に応える司法制度を構築するための「制度的基盤の整備」、第二に、司法制度を支える法曹のあり方を改革し、質量ともに豊かなプロフェッションとしての法曹（「国民の社会生活上の医師」）を確保するための「人的基盤の拡充」、そして、第三に、司法に対する国民の信頼を高めるための「国民の司法参加」である。

驚くべきことに、明治期に活躍した福澤諭吉の基本的な考え方の中には、すでに、この三つの柱が確かに存在したように思われる。単に、制度を作ったとしても、そこに魂を吹き込むのはそれを担う人々であり、そのために、教育こそが重要な機会として考えられていた。「制度は人」と、一般に言われるゆえんなのである。しかも、福澤による陪審制度の提言は、そのような独立自尊の国民による司法参加、および、権力の統制と公正な裁判の実現のために不可欠であるとの展望を内包していたようである。

本章では、そのような福澤の考え方の一端を垣間見て行きたい。

1 「門閥制度は親の敵」

広い視野と合理的な精神をもち、維新後は、常に在野の立場から、この国と国民の将来を考え、痛快かつ爽快な生き方をした教育者が福澤諭吉（一八三四年〔天保五年〕一二月一二日～一九〇一年〔明治三四年〕二月三日）である。

彼は、幼少の頃、殿様の名前が書いてある反故紙を踏んで罰が当たると叱られたことがあったので、ひっそり隠れて神様の御札を踏んで、「何ともない（罰が当たらない）」ことを自ら確かめた。また、彼は、稲荷神社の御神体を、自分の拾った石とこっそり入れ替え、それを大事に拝んでいる人たちを見て面白がったりもした。

幕末、咸臨丸でアメリカに渡ったとき、サンフランシスコで、「いまワシントンの子孫はどうなっているか」と尋ねた話も著名である。福澤は、よく知らないという相手の答えに接して、共和制、大統領制というものの現実を知り、同時に封建政体との差異をも体感した。民主主義や国民主権の考え方を身をもって知ったのである。

さらに、慶應義塾に学ぶ学生を大切にし、各藩から出兵のために帰国命令が来たときにも、それを断固阻止した。上野彰義隊の戦いの最中にも、経済学の講義を続けた。そして、有能であったにもかかわらず、封建制度に束縛されつつ不平を呑んで空しく四五歳の生涯を終えた父親の心情を思って一人で泣き、「門閥制度は親の敵でござる」と、その自伝の最初に記した。

その明治期にあって、彼は、「立身出世して威張ろうとも思わず、世間でいう功名心は腹の底から洗

ったように何もなかった」と言い切った。福澤は、同志社大学を創立した新島襄（一八四三年〔天保一四年〕二月一二日～一八九〇年〔明治二三年〕一月二三日）と同様に、官とは一線を画し、「民の視座」から教育を考えた稀有の教育者であった。

司馬遼太郎は記している。「藩にしても国家にしてもおなじで、福澤がいったように、官の力で国が立つのではなく、民力があってはじめて国が立つのである。」と。

福澤は、市井に生きる人々の視線から、ペン（「ペンは剣よりも強し」の「ペン」である。）を通じて、空虚なものや不合理的なものと戦い続けた。彼は、国民国家を担う人造りに生涯を費やしたのであり、その点で、良心を手腕に立憲国家を支えることができる市民の育成を志した、新島襄と軌を一にする。

本章では、その福澤が、明治期の司法についてどのように考えていたかについて見て行くことにしたい。

2　福澤と陪審制

まず、福澤は、日本に初めて陪審制度を紹介した人の一人である。

一八六六年〔慶應二年〕に刊行された『西洋事情』で、英国国王の恣意的な特権行使を阻止する宣言であるマグナ・カルタ（Magna Carta, 一二一五年）を紹介する中で、一般評議会（議会）の議決を経ないで国民に対して課税できないこととともに、陪審制度を紹介した。そこで彼は、陪審（当時は、「陪坐聴審（ばいざちょうしん）」と表現された。）を「立会いのもの」と訳している。

福澤は、一八七七年〔明治一〇年〕の西南戦争の最中に、即時休戦を提言し、戦争原因を究明するた

めに、西郷隆盛らの薩軍関係者を公正な裁判にかけるべきことを、政府に建白した。そして、戦後には、陪審裁判を開くべきことを提言したのである。それは、ボアソナード（→第11章**2**）を中心に、重罪事件は原則として陪審裁判によるべき旨の規定を盛り込んだ「治罪法」の起草作業が始まったときでもあった。

同年に刊行された『丁丑公論』の中で、福澤は、一連のいわゆる不平士族の反乱の後における政府の処罰のあり方を痛烈に批判した。一八七四年〔明治七年〕の佐賀の乱や、一八七六年〔明治九年〕の萩の乱の後に、時の政府、とりわけ内務卿の大久保利通（→第7章**1**）が、江藤新平（→第7章**1**）や前原一誠（一八三四年〔天保五年〕三月二〇日～一八七六年〔明治九年〕一二月三日）らを、公開の裁判を経ることなく残虐な刑罰に処したことを強く批判した。

しかし、西南戦争でも、福澤の期待は裏切られた。

彼は、その乱の原因が明治政府にあることを喝破し、西郷の自刃を政府による殺人と解釈したのである。つまり、「……城山に籠りたる西郷も乱丸の下に死して快とせざるは固より論を俟たず、仮令ひ生を得ざるは其覚悟にても、生前に其平日の素志を述ぶ可きの路あれば、必ず此路を求めて尋常に縛に就くこともある可き筈なれども、江藤、前原の前轍を見て死を決したるや必せり。然らば則ち政府は啻に彼れを死地に陥れたるのみに非ず、又従て之を殺したる者と云ふ可し。」と論じたのである。前章で述べた江藤もまた「素志」を語る機会は全く与えられなかったのである。

福澤は、陪審制度のもっている思想的な意味を深く洞察し、それが喫緊の国家的な課題にも適用されるべき必要性と可能性をもつ制度であることを見抜いていた稀有の思想家であると、今日高く評価されている。

128

不公正かつ恣意的でしかも前近代的な明治初期の刑事裁判に対する福澤の批判は、その後、自由民権運動に受け継がれ、陪審制の実施が、そのスローガンのひとつに掲げられるきっかけともなったのである。

3　福澤の訴訟観

福澤は、また、多くの訴訟事件にも積極的に関わった。たとえば、行政当局を相手方として権利侵害からの救済を求める市井の人々の訴訟活動をも支援した。そして、自らも、実質的に被告とされた「売薬営業毀損事件」において、積極的な関与を行い、大審院で逆転勝訴を勝ち取った。この事件は、彼自身が執筆した新聞の論説が訴えられたものであった。

しかしながら、訴訟というものや訴訟を通じて法的救済を獲得することなどについて、福澤の基本的な見方は、必ずしも積極的かつ肯定的なものではなかった。すなわち、彼は、「訟を訴ふるは、訴へずして事を済ますの美なるに若かず」と考えていたのである。

確かに、福澤は、訴訟が私権を保護し法的救済を確保するための手段であり、人々が訴訟を追行することを通じて、私権の認識と伸長を期待した。しかし、彼は、積極的に訴訟の利用を推奨し、かつ、代言人（弁護士）の活用を促すといった考え方を、必ずしも有してはいなかった。むしろ、一八七七年〔明治一〇年〕の元日に、「自力結社」を創設し、訴訟の回避と仲裁による「熟談」を通じた紛争処理を企画した。

それは、近代日本で初めて設立された民間のADR（Alternative Dispute Resolution：訴訟外紛争解決手

続）機関と評価できるかもしれない。

その設立の記の中で、福澤は、民事訴訟を利用することの弊害として、費用が嵩むことや、訴訟後に遺恨が残ることを指摘し、同時に、当時における濫訴のありさまを慨嘆した。大審院が創設された一八七五年〔明治八年〕には、全国の裁判所における民事第一審新受事件数が三〇万件を超えたのを見て、福澤は、安易に政府にすがりつく国民の姿勢を、国家に対して「御理解」・「御憐憫」を求めるものとして、「独立自尊」の精神に悖るものと考えたのである。

このような訴訟と比較して、仲裁は、費用が少なくて済み、後に恥辱や遺恨を残さず、「熟談」を通じて「情」と「理」の中間に落ち着き、納得の行く帰結に至ることができる制度であると考えた。しかも、仲裁は、当事者が主体的に関与できるものとして、福澤は推奨したのである。彼は、内済（江戸時代に行われた当事者同士の話合いによる和解的解決の手法）による紛争処理も同時に勧めた。この点で、「門閥制度は親の敵」と言い切った彼も、江戸期のすべての制度を否定したのではなく、理にかなったと考えられるものについては、公平な評価を加えていたのである。

なお、福澤は、足尾鉱毒事件で被害民の側に立って奔走した田中正造（一八四一年〔天保一二年〕一一月三日～一九一三年〔大正二年〕九月四日。→第**10**章）と知己の間柄であったが、しかし、その事件に対する福澤の評価は必ずしも明らかではない。ただ、足尾鉱毒事件の住民運動に対する福澤の醒めた目については、明治国家の成立により、一揆に訴えることから解放され、法の適正手続が保障された国民は、学理に基づいた検証を経て公平な裁判を受け、その要求を手中にすべきであると考えていたのではないかといった推測も、今日ではなされている。

130

4　福澤と法学教育

一八九八年（明治三一年）、福澤は、「法律に就て」と題する興味深い講演を行った。

そこで、彼は、「法律に訴える病人は恰も流行病と同じく幾らあるか分からないほどであるから、若い者の身を立て家を立てる為に学ぶには法律が一番必要であろうと思う」と説いた。そしてまた、「政府にて法を立るは勉めて簡なるを良とす」と論じて、ともすれば庶民に無縁とも思われかねなかった法律を、庶民の側に引き寄せるための提言を行った。彼は、庶民のためのいわば「社会生活上の医師」としての法曹を育成することが、近代国家には必要不可欠であると認識していたのであろう。この点で、二〇〇一年（平成一三年）六月一二日に公表された『司法制度改革審議会意見書』と共通する基盤が存在する。

時代は前後するが、一八九〇年（明治二三年）、福澤は、弱冠二六歳のアメリカ人、ウィグモア（John Henry Wigmore, 一八六三年～一九四三年）を、慶應義塾大学部に、法律科主任教授として雇い入れた。福澤は、官学における法学教育に対抗するかたちで、市井の人々の視線から法を再定位し、市民と法とを切り結ぶ能力をもった法曹の育成に期待した。

ウィグモアは、自らの利益を権利として認識し語ることのできない人民の中に、法や権利を発見しかつ国家の制定した法律と結び付けることができる能力を備えた者を育成することを、法曹養成の基層的な目的に据えたのである。なお、ウィグモアは、後に帰国し、ノースウェスタン大学ロースクールで教え「証拠法」の権威者となった。彼は江戸期の日本の裁判制度（特に刑事裁判制度）が、当時の英米法と

同様に先例主義に基づいていたこと（江戸時代の裁判の近代的な一面）を世界に紹介した。

また、福澤も、法律の素人と法専門家との間のコミュニケーションが成立するためには、法律の分かりやすさとその一般的な普及が必要不可欠であることを繰り返し説いた。このような法学教育観は、法科大学院教育や法学部教育、さらには、小中高の段階における「法教育」一般にも、有益な示唆を与えるであろう。

【歴史の寄り道⑧】「独立自尊」と「良心教育」

『司法制度改革審議会意見書』は、「国民一人ひとりが、……自律的でかつ社会的責任を負った統治主体として、互いに協力しながら自由で公正な社会の構築に参画」する「志」の重要性を指摘するが、それこそまさに、「一身独立して一国独立す」という言葉に象徴されるように、福澤が、天皇主権下にあった明治の初めに指し示した「国民国家の処方箋」そのものであろう。独立自尊の精神に基づき、智徳と気品を重視し「全社会の先導者たらんことを欲するものなり」と記したのである。

福澤は、最晩年に自己の人生を回想し、「遺憾なきのみか愉快なことばかりである」と言い切った。そして、余生でやってみたいこととして、人民の気品を高尚に導くこと、多数の民心を和らげること、そして、高尚なる学理を研究させるようにすることの三ヶ条を挙げた。「私」の立場から「公」すなわち「この国のかたち」を果てしなく探求するその精神力には強い感銘を受ける。今日の法曹や大学教員に向けられたメッセージのようにも思われる。

広汎でしかも多岐にわたる福澤の問題意識の中で、司法制度のあり方は、そのごく一部を占めるにすぎない。しかし、当時の彼の基本的な考え方が、少なからず現在にも妥当する点に、また現代司法の変わらない問題性とその根深さを痛感させられるのである。

最後に、明治期におけるもう一人の稀有な教育者として、同志社大学・同志社女子大学の校祖、新島襄（→第**8**

132

章**1**）を挙げたい。彼は、日本におけるいわば「タイム・トラベラー」とでも言うべき稀有の存在だからである。

新島は、鎖国の江戸期に国禁を犯して、アメリカに渡り、幸運なことにニューイングランドで学ぶことができた。そこには、市民による自治が行われた自由で民主的な社会が存在した。驚くべきことに、明治の初めに、すでに戦後日本の民主的市民社会のモデルを、先験的に体験し体現していたとも考えられるのである。その精神が死して尚生きているとも言うべき新島は、天皇主権の大日本帝国憲法発布の頃に、国民主権の日本国憲法の淵源となったアメリカ民主主義社会の市民精神を肌で感じ、成熟した自治的な市民社会の市民感覚の日本国憲法を体得して、京都に「私学」を創設したのである。

アメリカの建国当初、国立大学（連邦立大学）の創設のための法案が何度も連邦議会に上程されたが否決された。国家予算でエリート養成教育を国が行うことは民主主義政府のあり方に反すると考えられたからである。健全な感性の発露である。その後の両国の歴史的展開を予言するような大学観・学問観とも思われる（なお、もちろん州立大学は、一七八九年に創設されたノース・カロライナ大学を皮切りに、全米各地に創設された。）。彼は、「立憲政体を維持するは、智識あり、品行あり、自から立ち、自から治むの人民たらざれば能はず」とし、「二国の良心」となるべき人民の育成を目指した。「大学は智識の源泉にして文明の基礎なり」とし、「同志社に於ては偶儻不羈（ていとうふき）（優れた才能を持った独立自由）なる書生（学生）を圧束せず務めて其の本性に従い之を順導」すと記したのである。人一人を大切にし、もし私がもう一度教えることがあればクラスの中で最もできない学生に特に注意を払いたいと書き残している。『捷径医筌』（しょうけいいせん）（今

ともかく、一五〇年近く前の日本で、稀有な市民目線から、実質的に民主的な市民社会を築き立憲政体を担うことができる人材の育成が京都の私学で企図されたことは奇跡に近い。現代市民社会とその精神の源流と考えられる。

なお、後に述べる足尾鉱毒事件等で農民たちの側に立って闘った田中正造（→第**10**章）は、一九〇三年〔明治三六年〕、谷中村に入る前に、日記に（帝国）大学廃すべし腐敗の淵源（藪）なりと明記した。またその後、一九

風に言えば、『医学入門』）を著し大野了佐に医学教育を行った近江聖人、中江藤樹（→第**5**章**5**）を想起させる。

一〇年〔明治四三年〕には、「帝国大学の学士中、おおくは忍耐力の一つは卒業せり。恥を忍ぶ、侮辱を忍ぶ、惻隠(いん)（憐れみ）の心を失うを忍ぶ。醜汚を忍ぶ、人の財を奪うを忍ぶ。同胞兄弟に破廉恥を為すを忍び、国の亡びるを忍ぶ」と記し、「今の学士は皆壮年にして知識あり。地方教育、学生の精神を腐らす。能く国家を亡ぼすに足るの力あり。中央の大学また同じ。学ばざるに如かず」と論じた。猖獗とは、悪事が猛威を振るうことを言う。

勢力猖獗有為の士なり。」と論じた。無経験にして悪事を働く能者たり。

宮澤賢治の『洞熊学校を卒業した三人』も想い起こされる（原題は『蜘蛛(くも)となめくぢと狸』であり、それが「山猫学校を卒業した三人」に変更され、本文の題名となった）。この短編は、「なるほどさうしてみると三人とも地獄行きのマラソン競争をしてゐたのです。」という恐るべき一文で締め括られている。

常に将来のこの国のあり方をも考えつつ、官との間に距離を置きながら多くの人を育て、しかも愉快であったと言い切れる人生を送りたいものである。

【参考文献】

- 安西敏三＝岩谷十郎＝森征一編『福澤諭吉の法思想』（慶應義塾大学出版会、二〇〇二年）
- 伊藤正雄『明治人の観た福澤諭吉』（慶應義塾大学出版会、二〇〇九年）
- 小川原正道『福沢諭吉「官」との闘い』（文芸春秋、二〇一一年）
- 川嶋四郎『民事訴訟過程の創造的展開』（弘文堂、二〇〇五年）
- 川嶋四郎『民事救済過程の展望的指針』（弘文堂、二〇〇六年）
- 川嶋四郎『アメリカ・ロースクール教育論考』（弘文堂、二〇〇九年）
- 司馬遼太郎『「明治」という国家』（日本放送出版協会、一九八九年）
- 同志社編『新島襄の手紙』（岩波書店、二〇〇五年）
- 同志社編『新島襄・教育宗教論集』（岩波書店、二〇一〇年）
- 同志社編『新島襄自伝』（岩波書店、二〇一三年）
- 福澤諭吉『福翁自伝』（講談社、一九七一年）

・福澤諭吉『明治十年丁丑公論・瘦我慢の説』（講談社、一九八五年〔『丁丑公論』の初版は、一八七七年に刊行〕）

・福澤諭吉『西洋事情』（岩波書店、一九九〇年〔初版は、一八六六年～一八七〇年に刊行〕）

・牧原憲夫『民権と憲法』（岩波書店、二〇〇六年）

・丸田隆『陪審裁判を考える』（中央公論社、一九九〇年）

・丸山眞男『福澤諭吉の哲学』（岩波書店、二〇〇一年）

・三谷太一郎『政治制度としての陪審制』（東京大学出版会、二〇〇一年）〔『カウサ（Causa）』三号一四頁以下のインタヴューも参照〕、等

・なお、第**10**章・第**12**章の参考文献も参照。

■第**8**章　扉写真

福澤生誕地。石碑は大阪堂島に立つ。福澤が学んだ緒方洪庵の適塾は、今も大阪の北浜に残る。洪庵は、幕府に出仕後数年で亡くなった。（筆者撮影）

第9章

大津事件と児島惟謙

■「司法権の独立」の確保とその限界

大津事件は、近代日本における司法権の独立に寄与し、先進国であった西欧社会から、日本がおそらく初めて近代国家として認められる端緒を創った。確かに、その事件の処理過程において、行政府の干渉からは司法権の独立が護られた。その結果が、世界的にも認められ、不平等条約の改正を導くことができたのである。

しかし、その代償も少なくはなかった。いわば司法の外面的な独立は保持されたものの、司法制度の内面的には、個々の裁判官の独立が維持できなかったのである。それを、現代的な視点から批判するのは容易いが、しかしながら、その当時においては、やむを得ない緊急避難的な措置であったとも考えられる。ただし、戦後の日本国憲法下においては、大津事件の全体を反省材料にして、裁判官の独立が堅持されなければならない。

この事件を起こした津田三蔵は、伊賀で生まれ、滋賀県巡査となった。彼が最初に赴任した甲賀の小さな村に、以前から大津事件には強い関心を抱いていた。本章では、その事件の法的処理に尽力した、児島惟謙について考えてみたい。

伊賀で生まれ育った私は、以前から大津事件には強い関心を抱いていた。本章では、その事件の法的処理に尽力した、児島惟謙について考えてみたい。

1　事件の勃発

私が高校時代を過ごした大津は、今でも静かな街並が続いている。なだらかに傾斜して琵琶湖に滑り込む狭く細長い平野に、その街はへばり付くように息づいている。大津の五月は、湖面をわたる風も爽やかで、浜辺に立てば、左手には遠く比叡比良の稜線を望み、右手には湖面越しに広がる近江平野の中に、もやに煙った近江富士、三上山の姿を遠望することができる。

その風光を芭蕉は愛した。大津石山の街から南方の山を少し入ったところに、芭蕉の住んだ幻住庵の跡がある。芭蕉の墓は、大津膳所の街中、義仲寺の境内にある。なお、その寺は、名前の通り木曾義仲の菩提を弔うために建立されたものである。芭蕉の墓石は義仲の墓の隣にある。

明治、大正から昭和の初めにかけて、琵琶湖周遊も盛んに行われた。

一八九一年（明治二四年）五月一一日、明治政府は、その町で、初めて大きな「国難」に遭遇した。

シベリア鉄道の起工式に出席する途上、ロシア皇太子ニコライ・アレクサンドロヴィッチ・ロマノフ (Nicholai Aleksandrovich Romanov. 一八三六年八月一三日～一九一二年二月一六日）の一行が、日本を訪問した。このニコライの訪日は、公用ではなく全くの私的な旅行であったが、日本側の受け入れ態勢は大仰を極めた。一行が、琵琶湖遊覧等を終え、大津から京都に戻るために人力車で滋賀県庁を出たところで、その事件は起こった。警備の巡査、津田三蔵がニコライを斬りつけ、頭部その他を負傷させたのである。

津田は、観光に耽り日本の主人である天皇に挨拶にも行かないニコライを「大逆無礼」と考え、しかも、長崎から日本の地勢を視察しながら周遊するニコライに、近い将来日本侵略の野望があると感じたから

だという。

これが、大津事件（湖南事件）である。

時の政府、第一次松方正義内閣（一八九一年〔明治二四年〕五月〜一八九二年〔明治二五年〕八月）は、ロシアの報復を恐れた。そして、当時の刑法一一六条に規定する日本の皇室に対する罪を適用し、津田を死刑に処すことによって、ロシアに詫びを入れ、かつ、その報復感情を和らげようと画策した。当時、世界の六分の一の領土を持ち世界一の陸軍を擁するとされたロシアは、日本にとっての脅威であり、国内にはいわゆる「恐露病」が蔓延していた。それは、西南戦争で自決したとされる西郷隆盛が、ロシア軍を率いて、日本に攻め込んでくるといった風聞ともあいまって、国民の恐怖心を刺激したとされている。これは、当時巷間で流行ったいわゆる「西郷伝説」である（永井荷風の『花火』〔一九一九年〕によれば、逆に、西郷が北海道に隠れていて日本を助けに来るといった噂もあったようである。）。

なお、津田は、西南戦争にも従軍し、昇進の上、勲章まで受けたことを、常々誇りにしていた。西郷が帰って来れば自分は勲章を剥奪され、官職まで奪われるのではないかとの妄念が脳裡をかすめた。

その頃の日本は、事件の前々年の一八八九年〔明治二二年〕に大日本帝国憲法が公布され、前年に第一回総選挙が実施されたものの、不平等条約の改正もままならない東洋の一小国にすぎなかった（なお、一八九〇年〔明治二三年〕には、日本で最初の近代的な民事訴訟法が制定された。同年には、教育勅語も発布されている。また、同志社大学の校祖、新島襄が、神奈川の大磯で亡くなった。）。

2　「護法の神」

政府の裁判干渉に対して、当時の大審院長は闘った。彼は、事件発生の五日前に大審院院長に就任したばかりであった。

児島惟謙（こじまこれかた）（一八三七年〔天保八年〕二月一日～一九〇八年〔明治四一年〕七月一日）。

児島は、一八三七年〔天保八年〕、四国、宇和島の伊達藩家老の家に庶子として生まれた。幕末には脱藩し、勤王討幕運動に参加した。明治新政府の成立後、官吏に登用されたが、一九七一年〔明治四年〕に司法省が創設されると、そこに入った。当時、三四歳。法曹としては晩稲（おくて）である。

彼は、大阪裁判所や福島上等裁判所の判事等を経て、一八七六年〔明治九年〕には名古屋裁判所所長、一八八一年〔明治一四年〕には長崎控訴裁判所所長、一八八三年〔明治一六年〕には大阪控訴裁判所・同控訴院長に昇進した。大阪時代には、関西法律学校（現在の関西大学）の創設にも貢献した。なお、児島は、大阪控訴院長の時代に、新島襄の『同志社大学設立之旨意』に共鳴し、同志社のために大阪方面における募金の勧誘にも尽力した。寛大な時代である。

児島が、どこで法律学を学んだかは必ずしも明らかではない。海外留学の経験もない。三〇歳代の半ばから、法律実務に従事しながら独学で法律を学んだのではないかと推測されている。知友には、同郷の俊才で若き東京帝国大学教授、穂積陳重（ほづみのぶしげ）（一八五六年〔安政三年〕七月一一日～一九二六年〔大正一五年〕四月七日）がいた。

一般に、明治維新の功労を盾に権力の独占を図る薩長藩閥政府に対して、初代司法卿に江藤新平（↓第7章）を迎えた司法省には、全国各地から閥外の俊才が集まった。その基本的な対立の構図は、法のもつ専門技術性と論理性・普遍性とあいまって、「三権分立」や「司法権の独立」の確保に有利に作用したとも考えられる。

薩長土肥などの維新を成し遂げた藩閥の出身でない者であっても、専門的かつ技術的な色彩の濃い法を学ぶことによって、立身出世が可能となったのである。そのような法の適用を通じて、司法部は、明治政府における政治部門からの掣肘（せいちゅう）を跳ね返すことができ、それがひいては「司法権の独立」の具体化・現実化に貢献することができたとも考えられる。

3 政府の干渉と児島の奔走

さて、事件翌日の五月一二日、首相、松方正義（一八三五年〔天保六年〕二月二五日〜一九二四年〔大正一三年〕七月二日）は、大審院長、児島を呼び寄せた。そして、津田を通常人に対する罪で処罰すれば、内閣は、皇室に対する罪を規定した刑法一一六条でもって津田を死刑に処すことを評議により決めたことを伝えた。また、司法大臣、山田顕義（一八四四年〔天保一五年〕一一月一八日〜一八九二年〔明治二五年〕一一月一一日）もそれに同意した旨を告げた。

これに対して、児島が、刑法典には、外国の皇族に対する罪は特に規定されていないので、法の解釈として、謀殺未遂事件（同法二九二条・一一二条・一一三条）として処罰されねばならない旨の反論をする

140

と、松方は、さらに次のような極論を展開した。

「法律の解釈は然らん。然れども、国家存在して始めて法律存在し、国家存在せずんば法律も生命もなし。故に、国家ありての法律なり。法律は、国家よりも重大なるの理由なし。」

児島は、この日の日記に次のように記している。

「嗚呼（ああ）、何等の暴言ぞや。内閣は犯罪人処罰の権限を有するか。之れ疑いもなく、行政権を以て司法権の根底を覆没せんとする不法の干渉なり。」

さらに、五月一八日、松方は再び児島を呼び出し、外務大臣、青木周蔵（一八四四年〔天保一五年〕一月一五日～一九一四年〔大正三年〕二月一六日）が、ニコライの訪日前に、万一の事態が生じた場合には日本の皇室に対する罪により処罰することを駐日ロシア公使に回答しており、事件発生後も同趣旨の申入れをしていたことを伝えた。

この時すでに、大津地方裁判所では、津田を謀殺未遂罪の適用により裁判を行う前提で、予審が行われていた。当時の刑事訴訟法では、地方裁判所に予審判事が置かれ、事件を公判に付すべきか否かを決定するための取調べを行っていた。

翌一九日、大審院部長判事、堤正己ほか六名の判事は、内閣の説得に応じるかたちで、皇室罪の適用可能性を前提として、事件を手続上大審院の管轄に属する旨の決定をなした。そして、大津地方裁判所内に、大審院の特別法廷が開設された。大津地裁で大審院特別法廷が開廷されたのは、ロシアに配慮して迅速な裁判が目指されたことや、被告人津田の負傷の状態から東京までの移送が無理であると判断されたからという。

児島は、この決定に危惧を抱いた。「司法権の独立」が政府の裁判干渉によって危機に直面している

と考えたからである。彼は、津田に対して日本の皇室に対する罪が適用されれば、「国家百年の大計を誤る」と考え、「法の世界における価値が毀損される」と考えた。それは、罪刑法定主義（犯罪なければ刑罰なしの大原則）を規定した刑法二条に違反するだけではなく、法律による処罰を規定した大日本帝国憲法二三条、および、司法権は天皇の名において法律により裁判所が行う旨を規定した同五七条にも反すると判断したのである。

そこで、児島は、天皇に拝謁して得た勅語などをも援用して、担当裁判官に対する説得を精力的に試みた。彼は、その過程で穂積陳重にも意見を聴いた。そして、穂積が法の解釈については自分と同じ考え方であることに、児島は意を強くしたという。

なお、津田には二名の弁護士が付いたが、いずれも無償で弁護を引き受けていた。

4 判決と事件の評価

一八九一年（明治二四年）五月二七日、大審院特別法廷（大審院部長判事、堤正己ほか大審院判事六名）は、全員一致で、津田に対して無期徒刑を言い渡した。皇室に対する罪は適用されなかったのである。判決言渡期日のみ公開で開かれたが、七七名の傍聴人からは、「日本万歳」の声が上った。事件発生から二週間余の速さである。ここに、「司法権の独立」は維持されたのである。

しかし、この一連の過程に対しては、後年様々な疑念も呈されている。

たとえば、最大の問題は、事件の担当者ではなかった大審院長が、謀殺未遂事件で処罰されねばならない旨を担当裁判官に対して説得したことは、「司法権の独立」に貢献したとしても、「裁判官の独立」

に対する干渉となったのではないかという問題である。それは、後年の「平賀書簡事件」（→第**13**章**3**）のように、司法行政職の立場に基づいた裁判官に対する干渉であり、その意味で、「司法権の独立」の重要な要素である「裁判官の独立」は貫徹できなかったゆえに完全な「司法権の独立」が確保できたとはいえないとの批判である。

そのほか、適用されるべき罪状が謀殺未遂罪ではなくむしろ傷害罪ではないかといった問題（謀殺未遂罪の適用問題）も提起されている（この関係では、事件の管轄の問題として事件が改めて大津地方裁判所に移送されるべきであったことも指摘できる。）。また、事件の重大性と比較して裁判の審理期間があまりにも短すぎたのではないかといった手続上の問題も指摘されている。しかも、その審理過程では裁判の公開が停止され、いわば密室裁判が行われたことも、手続的に見て適切であったかどうかの問題（公開停止の問題）も提起されている。

またさらに、この事件では犯された犯罪結果と比較して科された刑罰は相当であったかどうかの問題（量刑の相当性の問題）や、この裁判の過程で無罪を推定されるべき被告人の人権は尊重されたかどうかの問題、さらには、より根本的な問題として、国家と法のあり方や、外交上の公約違反などに関する問題などとも、現在指摘されているのである。

後世の研究者は、このように児島の行動を批判する。それらは、現代的な視点から見れば確かにもっともな側面がある。

しかし、その時代のその場面で彼のとった行動は、基層的な「司法権の独立」を確保するためのいわばやむを得ない緊急避難的な行為であり、その揺るぎない基本姿勢と志は、現在でも高く評価できるであろう。いわゆる「闘う民主主義」の議論とも相通じる面がある。なお、児島の日記からも、担当裁判

官に対する自らの説得行為が、裁判官の独立に反することの自覚を窺い知ることができる。それが、児島の立場を背後から支援したとも考えられる。ちなみに、戦後の日本で、最高裁判所長官、石田和外（かずと）は、世論が、裁判官が世間の雑音に耳を奪われることなく裁判に専心すべき旨を語ったことがある。しかし、世論が、このように、この国の司法権のあり方を強く正しく方向付けたと考えられるある意味まっとうな時代が存在したことも、また忘れてはならないであろう。

【歴史の寄り道⑨】 事件の後

大津事件の国民に対する衝撃は大きかった。

全国で学校が休校になり、会社や劇場なども休業し、ある宗教団体などはニコライのために平癒の祈願をなしたという。ロシア皇太子帰国の翌日、東京日本橋魚問屋の奉公人、畠山勇子（二五歳）が、京都府庁の門前で自殺するという事件も起こった。小泉八雲は、その死に日本精神の発露を見、モラエスは、これ烈女の烈女たるゆえんであると絶賛した。山形県のある村では、「津田」の姓も「三蔵」の名も付けることを禁止する決議が採択されたという。

その後、ロシアは問題を拡大することなく、事件は沈静化した。武力による報復も賠償金の請求もなかったのである。皮肉にも、松方が、「国家よりも重大なる理由なし」と劣後させた「法律」が遵守されたことにより、当時の国家における最大の懸案であった不平等条約の改正作業も円滑に進んだのであった。この事件は、近代立憲国家の創成期において、様々な時代状況と多様な利害が錯綜する中で、この事件は、裁判が政治の犠牲になることの問題性を浮き彫りにした。しかも、個人の自由は公正な裁判手続の貫徹を通じてのみ実現されること、それを阻止し、ともすれば個人の権利が国家の利益（国益）の犠牲に供されかねないことから、それを阻止し、近代国家の試金石そのものでもあった。

を明らかにし、ともすれば個人の権利が国家の利益（国益）の犠牲に供されかねないことから、それを阻止し、

個人を保護し救済するのが、独立が保障された裁判官による公正な裁判権であることを明らかにした。その事件に遡ること二百年以上前に、アダム・スミス（→第1章4）らが司法権についてすでに指摘していた司法権のあり方に対する強い要請である。

ところで、ロシア皇太子ニコライは、その後ロシア皇帝ニコライ二世として即位したが、大津事件から二七年後、ロシア革命の過程で一家共々惨殺された。享年五〇歳。その埋葬場所は長らく不明であったが、発掘された家族の遺骨鑑定には、大津事件で残された布の血痕が利用されたという。

津田は、釧路集治監に収監されたが、間もなく獄中で肺炎により死亡した。享年三七歳。

そして、児島は、事件の翌年、大審院判事弄花事件（花札賭博事件）の責任をとって辞職した。これは、児島を含む七名の大審院判事が、花札賭博を行ったとされた事件である。証拠不十分のために免訴となったが、大審院内だけでなく郷里の宇和島城趾にも銅像が建立され、「護法の神」と讃えられた。一九〇八年〔明治四一年〕、七一歳で没した。

児島より一八歳年下の穂積は、その後民法典等の重要な法典の編纂に尽力した。穂積にも、郷里宇和島に銅像建立の話が持ち上がったものの、人々の役に立ちたい〈萬人の渡るる橋になりたし〉と考え、街中に橋を建設することを提案した。宇和島市内を流れる辰野川には、現在でも「穂積橋」がかかっている。

なお、私は、本章の執筆のために、高校時代以降立ち寄ることのなかった大津事件の現場を訪れた。そこには、今も「此附近露国皇太子遭難之地」と刻まれた小さな石碑が存在した。津田のサーベルをはじめとする大津事件の資料は、現在、大津文化館に保管されている。二〇〇三年〔平成一五年〕春には、大津市の皇子山にある大津市歴史博物館で、「大津事件」の特別企画展も開催された。

【参考文献】
・新井勉『大津事件の再構成』（御茶の水書房、一九九四年）

・家永三郎『司法権の独立に対する歴史的考察』(日本評論社、一九六二年)
・尾佐竹猛(三谷太一郎校注)『大津事件』(岩波書店、一九九一年)
・関西大学法学部百年史編纂委員会編『関西法律學校の創立とその精神』(関西大学法学部、一九八六年)
・楠精一郎『児島惟謙』(中央公論社、一九九七年)
・田岡良一『大津事件の再評価〔新版〕』(有斐閣、一九八三年)
・田畑忍『児島惟謙』(吉川弘文堂、一九八七年)
・富岡多惠子『湖の南』(新潮社、二〇〇七年)
・夏樹静子『裁判百年史ものがたり』(文芸春秋、二〇一〇年〔文庫版として、二〇一二年〕)
・穂積陳重「大津事件」同『法窓夜話』(岩波書店、一九八〇年)
・宮沢俊義「大津事件の法哲学的意味」同『憲法と裁判』(有斐閣、一九六七年)
・山川雄巳編注『児島惟謙・大津事件手記』(関西大学出版部、二〇〇三年)
・吉村昭『ニコライ遭難』(新潮社、一九九三年)
・アダム・スミス(大内兵衛=松川七郎訳)『諸国民の富㈠〜㈤』(岩波書店、一九五九〜六六年〔原著、一七七六年〕)
〔特に、第4巻を参照〕、等

■ 第9章 扉写真

大津事件の現場に立つ「此付近露國皇太子遭難之地」の石碑。この道は、旧東海道。手前が滋賀県庁方面、先方が京都方面。(筆者撮影)

第10章 足尾鉱毒事件と田中正造の孤独な闘い

■「国民の司法離れ」の深刻な一起源

　裁判、特に民事裁判は、従来から必ずしも市民にとって身近な存在ではなかった。民事紛争が生じ、当事者間で自主的な紛争解決ができない場合であっても、被害者の泣き寝入りで事が済まされることも、必ずしも少なくはなかった。だからこそ、今世紀の司法改革において、裁判所が、国民・市民にとって利用しやすく分かりやすく頼りがいのある存在になるべきことが、目的とされているのである。

　日本で最初の本格的な公害事件である「足尾鉱毒事件」では、田中正造が、その解決に奔走した。彼は、知人の法律家たちをも交えて、民事訴訟手続を通じた解決を検討したものの、しかし、結果的にはそれを断念した。

　本章では、その事件の解決に尽力し、明治国家によって故郷を追われた人々に寄り添いながら死を迎えた一人の廉潔な政治家の人生を辿ることによって、当時の司法や裁判所の姿を考えてみたい。

1 「辛酸佳境に入る」

東京で苦しい研究生活を送っていた大学院博士後期課程の頃、私は、政党やイデオロギーなどといったものとは一線を画し、孤高の精神を持ち、国家から見放された人々のために献身的な活動を行い天寿を全うしたその人のことを時折想い起こしては、ささやかな勇気を得て、進まない研究の糧にしていた。

その人は、終生「旧谷中村棄民」とでも言える人々の側に立って、救済に奔走した。足尾鉱毒事件で、「棄民」という言葉が、いつの時代から用いられることになったか分からないが、

田中正造（一八四一年〔天保一二年〕一一月三日～一九一三年〔大正二年〕九月四日）。

彼は、乞われるままによく揮毫した。

「辛酸入佳境　楽亦在其中」。

「辛酸」を「佳境」と言い放ち、光明の見えない「辛酸」のまっただ中にある自己に、「楽」を感じることができる心のゆとりをもった人がかつて存在した。人々の救いに対する彼の強烈な信念と、他者に対する献身の深さに、私は心を打たれた。そこには、理不尽に故郷を喪失した人々への温かい眼差しと、「非命の死」に対する抗いのかたちを見ることができた。

足尾鉱毒事件は、この国最初の大規模な公害事件でありながら、政治的な幕引きが行われた。正造をはじめ、谷中村で公害被害を被った人々は、その法的な救済の手段として、裁判所に訴え出ることはなかった。民事訴訟という法的救済を確保するための公的な制度を用いることはなかったのである。それゆえに、一見したところ、田中正造は、司法や司法改革とは何の関係もないように思えるかもしれない。

148

しかしながら、そこに、当時の民事司法が抱えており、しかも、今に続く大きな機能的な限界を見て取ることができるとも考えられる。

本章では、正造がなぜ紛争解決のために民事訴訟を用いなかったのかを考えながら、彼の内なる「救済の思念」とでも言うべきものに少しでも迫りたいと思う。

2　「予は下野の百姓なり」

正造は、その自伝の最初に記す。

「予は下野の百姓なり」、と。

一八四一年〔天保一二年〕一一月三日、現在の栃木県佐野市小中町の名主の家に生まれた。寺子屋で学び、冤罪で投獄された獄中でも、書物を貪り読んだ。特に、当時のベストセラーであるスマイルズ（中村敬宇訳）『西国立志編』〔一八七一年刊行〕を繰り返し読んだという。やがて、彼は自由民権運動に身を投じて行く。

当時、高まった国会開設の動きを、正造は積極的に擁護した。しかし、当時には、無知で無気力な人民に参政権を与えることには反対であるといった、国会開設に反対する意見も強く主張されていた。これに対して、彼は、その見解は、あたかも、豪商の番頭が、主人は幼稚だといった口実を設けて、永く家業から遠ざけるのと同じであると論破した。彼にとっては、政治の主役、すなわち「国家の主人」は、まさに国民そのものなのであり、中央政界で権勢を誇る政治家などは国民の番頭にすぎないと考えたのである。それは、藩閥政治や当時の中央の政治家に対する痛烈な批判でもあり、第8章で述べた、福澤諭吉の

考え方とも共通するものであった。

彼は、また、農民たちに、学問の大切さを教えた。「無学の精神家は轡なき馬の如し」とも言い放った。正造自身は、単に書物からだけではなく、社会的な実践の中からも、「学問」というものを身につけていったのである。

なお、正造は、国会では軍備拡張に強く反対した。時の政府は、軍拡のために地租増徴案を通過させる見返りとして、議員の歳費を二・五倍に増額する法案を提出した。お手盛り的で買収的なこの法案に、多くの議員が賛成したが、しかし、正造はこれに反対した。それが議会を通過すると、正造は議員の歳費を辞退した。

曰く、議員の本領を失って不義の歳費を受けるよりは、むしろ乞食になって資格品位体面を傷付ける方がまだましだ、と。伯夷叔斉のような潔い態度である。

なお、正造は筆まめでもあった。しかも、論客でもあり、比喩の達人でもあった。一九七七年〔昭和五二年〕から刊行された田中正造全集は、全二〇巻にも及ぶ。

3 亡国の思念

さて、明治政府が、富国強兵、殖産興業の政策を推進する中で、一八八五年〔明治一八年〕頃より、栃木県の足尾銅山から排出される鉱毒によって、渡良瀬川流域の農漁業が、甚大な損害を被り始めた。正造は、一八九〇年〔明治二三年〕、衆議院議員に当選すると、帝国議会でその救済を訴え始めた。そこでは、被害の実情をつぶさに報告し、鉱山監督官庁である農商務大臣、陸奥宗光（一八四四年〔天保一

五年）七月七日〜一八九七年（明治三〇年）八月二四日）の子が、鉱山所有者古河市兵衛の養子になってい

る事実を摘示し、政府の不作為を糾弾した。

そして、古河と周辺住民との間で締結された、住民の窮迫につけ込む詐欺的な示談契約に反対し、古河や政府が喧伝する「新型粉鉱採集器」の効用に疑問を投げかけた。しかも、正造は、田畑の荒廃や農漁業における収穫の減少といった表面的な損害だけでなく、その裏で密かに進行する人権や生命への侵害を指摘し、速やかに古河の鉱業を停止し、人民多数の権利公益が保護されるべきことを国民に訴えかけた。

これに対して、被害民のために真摯な救済の姿勢を見せない政府に対して、正造はなおも質問を続けた。

『亡国に至るを知らざれば之れ即ち亡国の儀につき質問書』。

正造は、厳しく政府に詰め寄った。つまり、民を殺すことは国家を殺すことである、法を蔑ろにするのは、国家を蔑ろにすることである、民を殺して法を乱して、滅びない国はない、これをどう考えるか、と。

そしてついに、議員を辞し、死を賭して天皇への直訴に及んだ。一九〇一年（明治三四年）のことである。それも奏功せず、正造は、狂人扱いされた。その後、立ち退きに反対する谷中村住民の土地は強制収容され、村は水没し、遊水地とされてしまった。現在、その渡良瀬遊水地の一角には、「谷中村史跡保全ゾーン」として、旧役所跡や寺社の跡地が保全されている。

4 選択肢ではなかった民事訴訟

ところで、足尾鉱毒事件には、たとえば、鳩山秀夫（一八八四年〔明治一七年〕二月四日～一九四六年〔昭和二一年〕一月二九日）、花井卓蔵（一八六八年〔慶應四年〕七月三一日～一九三一年〔昭和六年〕一二月三日）などといった当代一流の弁護士が数多く加わっていた。しかし、古河銅山に対する損害賠償請求訴訟も、またその営業の差止請求訴訟も、提起されなかった。

その理由として、正造は、次の三点を挙げていた。

すなわち、第一に、損害額自体が莫大であり、訴額に応じて支払わなければならない訴え提起の手数料（印紙代）が高くなるので、被害住民が、そのような負担をすることができないこと、第二に、不法行為（民法七〇九条）による損害賠償金を得るためには、古河による営業行為と谷中村の人々が被った損害との間の因果関係を証明できなければならないが、その証明が極めて困難なこと、そして、第三に、仮に民事訴訟を提起したものの敗訴してしまった場合には、それ以後、古河に対して営業のお墨付きを与えてしまいかねないことを、訴えを提起しない理由として挙げていたのである。

これに対しては、近年、次のような指摘もなされている。

すなわち、第一の理由に対しては、提訴手数料の支払いの猶予を求めて、訴訟救助（現行民事訴訟法八二条以下を参照）の申立てを行えば足りるという指摘である。また、第二の理由に対しては、当時すでに先に述べたように専門家の協力が得られており、必ずしも困難ではなかったことが理由として挙げられ、究極的には、第三の理由が、民事訴訟を利用しない最大の理由ではなかったかとの推測もなされて

いる。このような評価は、富国強兵、殖産興業が国策であった当時における司法権の統治機構内での機能的な限界を示唆する見解として注目に値する。

ただ、私は、正造自身が挙げた理由に加えて、彼が民事訴訟を利用しなかった理由として、次のような諸点を挙げることができるのではないかと思う。

第一に、正造は、憲法に遵い国民の人権を保護する第一次的な責任が、国家、すなわち行政府にあると考え、当時の政府の自発的な「改心」をひたすら信じていたと思われること、第二に、司法的救済よりも行政的救済の方が、将来に向けた永続的かつ抜本的な紛争解決が可能になると考えられたこと、第三に、彼が、当時の裁判制度に対して信頼を寄せていたかどうかや、訴訟遅延を憂慮したかどうかは必ずしも定かではないが、ただ、裁判手続や法廷空間では、将来に向けた個々の被害住民の包括的な救済の思いを、十分に語り尽くしかつ実現することは不可能であると考えたのではないかと思われることなどが、裁判が回避された理由ではないかと考えられるのである。

なお、法律論以前に、事実的に見て、民事訴訟による救済は、彼にとって遠い存在だったのかもしれない。また、正造は、司法権の独立も裁判官の独立も、裁判所の公平・中立性も、ひいては、法の支配という近代国家の基礎に対しても、基本的には不信の眼差しで見つめていたのかもしれない。司法権の独立が確保されたとされる大津事件（一八九一年〔明治二四年〕→第9章）よりも後の時代においても、

正造はそう考えていたのかも知れない。

なお、最後の点については、古河市兵衛の小説『辛酸』（一九六二年）が示唆的である。

「こんな噂を聞きました。古河市兵衛が札束をいっぱい詰めたみかん箱を幾箱も持ってきたそうですな。それを、あんたがみんな返してしまったと。どうして返してしまったのですか」との問いに、正造

は答える。

「金で解決するのは一時的で、本当の解決にはならぬと思ったんでがす」、と。

ところで、政府は、谷中村の被害民に対しては、租税を免除するといった「救済」を宛がったりもした。しかしながら、選挙権が納税額を基準として「付与」されていた当時、そのような「救済」は、結局のところ、被害地住民の選挙権・被選挙権を奪いその発言権を低下させ、やがて、地方自治を崩壊させることにつながっていったのである。

このような事件の幕引きは、恣意的であり極めて不完全なものであった。

たとえば、一九五八年〔昭和三三年〕五月三〇日、足尾銅山の源五郎沢堆積場の堤防が決壊し、いわゆる鉱毒を含んだ大量の水が下流域に広がり、群馬県毛利田村（もりた）（現・太田市）を中心として、約六〇〇ヘクタールの農地が汚染されたことを契機に、大きな社会問題として、この事件が蘇ったのである（これについては、事件発生から約九〇年後の一九七四年〔昭和四九年〕五月一一日、行政ADRである公害等調整委員会で調停が成立した）。

【歴史の寄り道⑩】民衆の視座から

「棄民」——旧谷中村の人々が幸せにならないうちは自分の幸せもない、とでも信じるかのように、正造は、晩年、故郷を追われた人々の家々を訪ね歩いた。

彼は、誰からも先生と呼ばれたことはなかった。大人たちは、「田中さん」と呼び、子どもたちは、「田中のじいちゃん」と、親しみを込めて呼んだという。大正二年〔一九一三年〕九月四日、正造は死の床についた。享年七一歳。

彼は、ひとつの頭陀袋（ずだぶくろ）を残した。その中には、大日本帝国憲法、聖書、日記帳と渡良瀬川の小石などが入って

いたにすぎなかった。

そこに、憲法や救済に対する強い思念と、民衆のために自己を捨てて奔走した一政治家の壮絶な最期を看て取ることができる。それと同時に、民事訴訟法の制定直後における「司法的救済」に対する国民の期待の薄さもまた感じられる。この国の民事訴訟は、その法律が制定されて間もない頃には、必ずしも国民のための「法的救済システム」として、国民には信頼されていなかったのである。

正造の研究者である小松裕教授によれば、正造が最後に到達した救済観もしくは解放観念は、大きく、次の三つにまとめることができるとされている。すなわち、「弱きを救ふ」で「弱きを救ふ」こと、俗塵の中でその「むれ」の中に入って「むれ」の人と化して救うこと、そして、現在をありのままのまるごと救うことである。これらは、正造自身が実践した考え方であり、キリスト教に接することで深まった「救済観」とも考えられる。彼の共感力や共生の思想は、現代に通じるものがある

水俣病患者に寄り添いその心の声を表現し続けた石牟礼道子さんは、それから、「七十数年後、水俣病事件では、日本資本主義がさらなる苛酷度をもって繁栄の名のもとに食い尽くすものは、もはや直接個人のいのちそのものであることを、わたくしたちは知る。谷中村の怨念は幽暗の水俣によみがえった。」と記した。彼女は、足尾鉱毒事件と正造の活動を特集した雑誌『思想の科学』を、「水俣病にかかわる自己との対話のよすが」として、『苦海浄土』（一九七二年）を執筆したと記している。

驚くべきことに、企業と周辺住民との間で交わされた示談契約や、企業が喧伝した新型粉鉱採集器の効用などといったものは、その後水俣で繰り返された「紛争解決」の過程と奇妙な一致を見せるのである。

……そして、私は、大学への就職難の時代に、母校における助手の任務も半ばにして、北海道の小樽に新たな職を得て赴任することになった。東京を旅立つ前に、前橋の友人とともに早春の上州路を訪ねた。しかし、そこは美しく、「見るもの皆酸鼻」と正造が嘆いた惨状は、想像の彼方にしか存在しなかった。ともかく、私は、彼も事件も旧谷中村の人々のことも、忘れることができない。「法の下ではいかなる者も平等・対等であるという法の支配の理念は、すべての国民を平等・対等の地位に置き、公平な第三者が適正な手続を経

て公正かつ透明な法的ルール・原理に基づいて判断を示すという司法のあり方において、最も顕著に現われていると言える。それは、ただ一人の声であっても、真剣に語られる正義の言葉には、真剣に耳が傾けられなければならず、そのことは、我々国民一人ひとりにとって、かけがえのない人生を懸命に生きる一個の人間としての尊厳と誇りに関わる問題であるという、憲法の最も基礎的原理である個人の尊重原理に直接つらなるものである。」と記す『司法制度改革審議会意見書』は、確かに、その上にあると考えられる。

「司法へのアクセス」（→第1章4）が十分に確保・拡充され、たとえば、「二割司法（司法が、その本来の機能を二割程度しか発揮していないこと）」や「国民の司法離れ」などと揶揄される司法の現状が克服された後にこそ、国民は、民事訴訟過程や裁判所の中に、「辛酸」の後の「佳境」を見出すことができるであろう。

そのようなことを考えるにつけても、「足尾は、町全体が明治の日本の公害・自然破壊のすさまじさを今日に伝える貴重なミュージアムであり、（負の）世界遺産に指定して、その意義を後世に伝えるべきだと思う」というある環境法学者の提言は、真摯に受け止め実現されるべき現代の課題であろう。

なお、余談にすぎないが、足尾の山は、その姿が満州の山河に似ていたせいか、一九六二年〔昭和三七年〕から一九六三年〔昭和三八年〕にかけて、五味川純平の『人間の条件』（一九五八年）がテレビ・ドラマ化されたときに、その最初の舞台「老虎嶺篇」のロケ地として利用された。それだけ、そこは、荒涼としていたのである（なお、主人公、梶のモデルは、労働経済学者、隅谷三喜男と言われている）。

田中正造の生き方は、私たちに、「人間の条件」とは何かを深く考えさせてくれる。

【参考文献】
・荒畑寒村　『谷中村滅亡史』（岩波書店、一九九九年〔初版は、一九〇七年刊行〕）
・安在邦夫〔ほか〕編『田中正造選集』〔第1巻〕：民権への道』（岩波書店、一九八九年）
・安在邦夫〔ほか〕編『田中正造選集』〔第3巻〕：亡国に抗して』（岩波書店、一九八九年）

・石牟礼道子『苦海浄土』（講談社、一九七二年）

・大野正男『社会のなかの裁判』（有斐閣、一九九八年）

・小松裕『田中正造：二一世紀への思想人』（筑摩書房、一九九五年）

・小松裕『田中正造の近代』（現代企画室、二〇〇一年）

・小松裕『「いのち」と帝国主義』（小学館、二〇〇九年）

・小松裕＝金泰昌編『田中正造：生涯を公共に献げた行動する思想人』（東京大学出版会、二〇一〇年）

・城山三郎『辛酸』（角川書店、一九七九年）

・神野直彦『経済学は悲しみを分かち合うために：私の原点』（岩波書店、二〇一八年）

・立松和平『毒：風聞・田中正造』（河出書房新社、二〇〇一年）

・夏目漱石『抗夫』（一九〇八年）

・畠山武道『自然保護法講義』（北海道大学図書刊行会、二〇〇一年）

・林竹二『田中正造の生涯』（講談社、一九七六年）

・廣瀬美佳「渡良瀬川沿岸鉱毒農作物被害事件：一九七〇年代の足尾鉱毒事件」『別冊ジュリスト・環境法判例百選〔第二版〕』二四〇頁（有斐閣、二〇一一年）

・由比正臣『田中正造』（岩波書店、一九八四年）

・由比正臣＝小松裕編『田中正造文集(一)(二)』（岩波書店、二〇〇四年・二〇〇五年）

・竜嵜喜助「地域法学・試論」『民事訴訟法理論の新たな構築〔新堂幸司先生古稀祝賀〕（上）』三六七頁（有斐閣、二〇〇一年）

・「特集・日本民主主義の原型」思想の科学六号（一九六二年）、等

■第10章　扉写真

田中正造が栃木新聞社（現、下野新聞社）の編集長として国会開設を訴えた栃木市の町並み。そこは、宇都宮に移るまで県庁所在地であった。現在も旧庁舎が残る。街の中心部は、国の重要伝統的建造物群保存地区に指定されている。

（筆者撮影）

第11章 原敬の司法観
■陪審裁判と市民参加

　司法は、国民にとってはあまりに専門的すぎて、国民は、積極的には関わりたくないと考えがちである。また、犯罪や事件さらには諍い(いさか)を扱う裁判所には、近づきたくないと考えるのも、平穏な日常生活を望む人々の自然な思いなのかもしれない。しかしそれでは、本来的に国民が安心かつ安全な生活を送るために必要不可欠な紛争解決機関でありながら、専門的な司法を、より専門化させ、挙げ句の果てには、国民にとってより遠い存在にさせかねない。裁判所は、決して「裁判」だけをする場所ではなく、「合意」による紛争解決の手続等も提供する。

　二〇〇九年(平成二一年)から、日本にも、素人裁判官を含んだ制度である裁判員制度が実施されている。一部の刑事事件についてのみではあるが、原則として、三人の職業裁判官と並んで六人の素人裁判官すなわち「市民裁判官」が、裁判を行うのである。そのような「国民の司法参加」について、時代的な制約の下での政治的な傾向ともあいまって、陪審制度の創設が真剣に考えられた時代があった。

　本章では、原敬の陪審観を題材として、日本の司法の今後を占っていきたい。

1　「宝積」の精神

「維新の犠牲はその成果に比して過大であり、残酷であった。」

これは、会津人、柴五郎（一八六〇年〔万延元年〕六月二一日～一九四五年〔昭和二〇年〕一二月一三日）の血涙に充ちた遺文を編んだ、石光真人の言葉である。

いわば会津藩全体の流刑ともいうべき斗南藩の創設は、明治維新における敗者に対する過酷な仕打ちであり、朝敵に対する象徴的な見せしめでさえあった。奥羽列藩同盟に対するいわゆる東北討伐が終了した一〇年後、明治天皇の東北巡幸のときでさえ、官軍の墓には勅使を差し向けて慰霊されたものの、朝敵であった賊軍の墓は完全に無視されていたという。

かつて、私は、勤務地の北海道小樽から滋賀に帰郷する際に、よく鉄道を使った。それは長い旅であったが、ことに東北の冬景色には、美しさを超えて心が滅入るほどの凄さを感じた。それが、雪の風土や維新史を反映したものであることは分かっていた。

たとえば、日露戦争に従軍し満州井口嶺で戦死した南部利祥の銅像の「台座」を、私は、盛岡の不来方城址で見つけたが、その碑文には、旧南部藩主の子息が、維新の辛苦に直面し、命を懸けてその雪辱に努めたことが刻まれていたように記憶している（なお、銅像自体は、戦時中の金属供出の目的で撤去され供出された。）。

そのような東北の歴史と風土が、第12章で述べるように、数多くの感性の詩人だけでなく、高い志をもった多くの逸材を育てたとも考えられるのである。

原 敬（一八五六年〔安政三年〕二月九日～一九二一年〔大正一〇年〕一一月四日）も、その一人である。彼の号は「一山」。明治維新後、「白河以北一山百文」と蔑視された東北の人々にとっては、その号は反骨精神の表現であろう。地元の人々からは、先生ではなく「ハラケイさん」と呼ばれていた。

「平民宰相」と呼ばれた彼の業績は多岐にわたるが、一部の研究者を除いて、司法制度の構築に与えた影響は、必ずしも十分には評価されていないのが現状である。なお、宰相とは、首相の俗称であり、昔の中国では天子を輔佐し政務を掌理する最高の官職であった。

日本における司法の歴史の中で、刑事陪審制度の創設に果たした原の役割を、見過ごすことができない。それは、自由民権運動、大正デモクラシー、そしてその具体的な発現形態としての憲政擁護運動という民権の拡張と実質化という時代思潮の中で、かたちとなって具体的に実を結んだもののひとつだからである。たとえ、その法律が、原敬の不慮の死の後に成立したものであってもである。

そこで、本章では、この刑事陪審制度の成立に大きく寄与した政治家、原敬を取り上げたい。彼は、生前よく「宝積」と揮毫した。「ほうじゃく」と読む。これは、徳を積み人に尽くして報いを求めない意であるとのことである。そうだとすれば、今では多くの人々が忘れかけている「宝積」の精神を、彼の陪審観の中に探求してみたい。

2　分家して、平民になる

原は、一八五六年〔安政三年〕二月九日、盛岡郊外、南部藩家老の家に生まれた。一八七一年〔明治四年〕から、東京湯島に南部利恭が設立した共慣（脇慣）義塾で学んだが、学費の送金が途絶えたので

退学し、その後カトリック神学校に学僕として身を置いた（一七歳の時に、洗礼を受けている）。二〇歳で帰郷し、分家し独立して士族から平民になった。これが、後年「平民宰相」と呼ばれるゆえんとなる。

一八七六年〔明治九年〕に、司法省法学校（全寮制で学費・食費は無料。小遣支給）に合格し、治罪法案に陪審規定を入れることを主張したボアソナード（Gustave Emile Boissonade de Fontarabie, 一八二五年六月七日～一九一〇年六月二七日）にも学んだが、三年後、学生委員として関与したため、放校処分を受けた。在学中の渾名は「政治家」であった。立志を夢見て上京したものの、アウトサイダーであることを、原は思い知らされたのである。

その後、原は、前島密（ひそか）らによって創設された郵便報知新聞（報知社）の新聞記者を経て、一八八二年〔明治一五年〕、外務省に入省した。一九〇〇年〔明治三三年〕、四五歳のときに、伊藤博文（一八四一年〔天保一二年〕九月二日～一九〇九年〔明治四二年〕一〇月二六日）に請われて政友会の組織の立案を行い、結党後初代幹事長となった。以後、原は、政界で主要なポストを歴任することになる。

この時期の日本の政治は、一連の権力闘争を経て、それまでの藩閥官僚勢力主導型の政治から、議会政党主導型の政治体制への移行過程にあった。この中で、藩閥官僚勢力を代表する人物が、元老、山県有朋（一八三八年〔天保九年〕閏四月二二日～一九二二年〔大正一一年〕二月一日）であり、政党勢力の代表的な指導者であったのが原敬である。

伊藤博文（一八四一年〔天保一二年〕九月二日～一九〇九年〔明治四二年〕一〇月二六日）は、明治憲法体制とそれを支える基本的な法制度を設計したが、原敬は、この体制を支えるべき政治組織である政党、立憲政友会を構築した。それゆえに、原は、伊藤の創った政治体制に、内容と意味を与えたと評価されて

いる。政友会の「生みの親」が伊藤博文ならば、「育ての親」は原敬であると言われたのである。

さて、その間、一九〇五年（明治三八年）、かつて陸奥宗光（一八四四年〔天保一五年〕七月七日～一八九七年〔明治三〇年〕八月二四日）の知遇を得ていたこともあって、宗光の病弱な子息（古河家への養子）が社長を務める古河鉱山の副社長として、約一〇ヶ月間、その経営に手腕を振るった。それは、先に述べた足尾鉱毒事件で、田中正造（一八四一年〔天保一二年〕一一月三日～一九一三年〔大正二年〕九月四日。→第10章）が天皇に直訴した年から数えて、四年後のことである。

なお、東北帝国大学札幌農科大学（後の北海道大学）、東北帝国大学仙台理科大学（後の東北大学）、および、福岡工科大学（後の九州大学）の創立に関する予算が、大蔵省によって全面的に削減されたが、原が一九〇六年（明治三九年）にその経費を古河鉱山から寄附させることにより、それらの開校が可能になったという（なお、広大な北大のキャンパスには、古河記念講堂〔旧東北帝国大学農科大学林学教室〕が残されている）。

3　原の陪審観

立憲政友会は、憲政の本義として、普通選挙制度の実施と並んで、陪審制度の創設を党議として取り上げた。「司法部をいかにして政党政治システムに包摂していくか」という目標を、重要な政治的課題としたのである。

政友会は、一九一〇年（明治四三年）の第二六帝国議会に、「陪審制度設立ニ関スル建議案」を提出し、刑事訴訟法改正法案の中に、陪審制度に関する規定の挿入を試みた。その趣旨は、政友会、松田源治に

よれば次のようなものであった。

〈国民をして司法権に参与せしめ、その独立を保障し、裁判の公平を扶持し、もって国民の実際状態に背馳せしめざるは、人権擁護の最大の要旨たり。しかして、現行の裁判制度がこの目的を達するに足らざるは、国民の斉しく認むる所なり。ゆえに、我国情に適すべき陪審制度を創設し、司法制度の改善を促すは今日の急務とす。〉

ところで、原に陪審制度の必要性を確信させたものとしては、大正デモクラシー等を背景に、当時の人権擁護運動の昂揚とともに、いくつかの理由が挙げられている。

第一に、当時の刑事司法制度は多くの専制的な特質をもっており、その歯止めを必要としたからである。たとえば、一定の事件類型については、裁判所ではなく警察による裁判を認めた違警罪即決令は、しばしば、政党員の政治活動を抑圧する方向に機能していたのである。

第二に、とりわけ、一連の著名な事件（たとえば、日糖〔日本製糖〕事件（一九〇九年〔明治四二年〕）、シーメンス事件（一九一四年〔大正三年〕）、大浦事件（一九一四年〔大正三年〕～一九一五年〔大正四年〕）等）を通じて、強大化しかつ政治化した検察権力をコントロールする必要性を感じたからである。原は、それらの事件で検挙され取調べを受けた各議員から、検事局の取調状況を聞いて憤激したと伝えられている。それゆえに、陪審制度こそが、「自由のためのすぐれた政治的実験」であると彼は考えたのである。

第三に、大逆事件（一九一〇年〔明治四三年〕。特に、幸徳事件）では、十分な証拠調べを行うことなく有罪判決が急がれたことから、天皇の名において行われていた裁判で、神聖であり侵してはならないは

ずの天皇の責任問題（特に事実認定の側面における責任）が生じるのを回避することをも、彼は痛感したからである。つまり、陪審制度を導入すれば、いわば天皇の責任問題を、国民（臣民）つまり陪審員の責任問題にすり替え転嫁することができると考えられたからであるとも分析されているのである。

第四に、彼が、ボアソナードに学んだことや欧米に滞在した経験なども、陪審制の導入の動機と考えられる。

原は、次のように記している。

〈ひとたび、訳もなく検事、警察官の為に拘引せらるるや必ず有罪の決定を与へらるるは、この情勢なるは、無論、陪審制度の必要を感ずる次第なれども、その他に、地方細民および細民ならずとも資金に乏しきものは、警察官、司法官などに無理往生に処罰せらるるは、みるに忍びざる次第なれば、ぜひとも陪審制度は設置したきものと思ふなり。〉

さて、一九一八年〔大正七年〕に、原敬が内閣総理大臣に就任し、最初の政党内閣を組閣したことが、陪審制度の実現を加速させた。その内閣自体、第一次世界大戦、ロシア革命、米騒動など、国の内外における激動期に、民衆の期待を背負って誕生したものであった。

原内閣（一九一八年〔大正七年〕九月〜一九二一年〔大正一〇年〕）といえば、教育の奨励、交通機関の整備、産業と貿易の振興および国防の充実という「四大政綱」が、とかくクローズ・アップされるが、陪審法の制定に向けた本格的な活動も、また見逃すことができない。

原は、臨時法制審議会（その総裁は、穂積陳重）で、〈今や国運伸張し、人文発達す。陪審制度を設く

るにおいて、〈恰当の時期なり〉と述べていたのである。

それは、政治家、原敬の言ではあるが、本来、陪審制度は、陪審員に対する基層的な信頼、すなわち、治者の被治者に対する信頼、あるいは、普通の国民に対する同じ国民としての信頼がなければ、およそ提言さえできないであろう。

4　日本陪審制度の含意

確かに、時代的な諸制約、さらには、原内閣が様々な政治的考慮から普通選挙の実施を当面の政治課題とはしなかった点をも、割り引いて考えなければならないかもしれない。つまり、普通選挙の要求が民衆サイドの要求であったのに対して、陪審制度の要求は、政治家、有識者および一定以上の納税者にとっての喫緊の要求であったとも評価できるからである。しかしながら、それでも、「地方細民」の窮境にまで配慮した原の言は、今日的な文脈ではそれ自体は重要な意味をもつのである。

このように考えると、陪審制の導入に関する原の政治的意図が、天皇の不問責すなわち廉潔性・不可侵性の堅持にあったとされる点にも、やや再考の余地が生じるように思われる。

確かに、彼は、陪審制が大日本帝国憲法二四条〔裁判官による裁判〕に反するとの意見に抗して、むしろ、天皇の神聖不可侵性（大日本帝国憲法三条）を確保するためには、陪審制を設け、誤判の場合には、陪審員となった国民の責任に帰せしめることが可能であることを主張していた。

しかし、この理由は、おそらくそれを額面通り受け取ることはできないのではないだろうか。むしろ、

それは、当時における天皇の位置付けの下で、天皇の不問責をいわば「錦の御旗」に据え結果を実現するための巧妙な藉口あるいは大義名分であったと解すべきようにも思われるのである。

陪審制度は、機能的には、人権侵害に対する防波堤であり、実践的には民衆の司法参加の実現という意義をもつ。後者を原の目から見れば、かけがえのない他者（被告人）と正義のために、国民に対して貴重な時間を割いて真摯な熟慮をめぐらすことを要請する陪審制度自体、彼の理想、つまり、人に尽くして報いを求めない「宝積」の精神の制度的発現そのもののように思われるからである。

近時、国民の司法参加が、政府の側でも司法のひとつの理念として高唱されている。二〇〇一年（平成一三年）六月一二日に公表された『司法制度改革審議会意見書』も、その企画する司法制度改革の三つの柱のひとつとして、「国民の司法参加」を挙げていた。そして、現在、具体的には裁判員制度などに結実した。

ただ、これまで述べてきた原の陪審制度観を敷衍して考えれば、実は、国民の司法「参加」という、国民をいわば司法の外に位置づける司法観を超えて、国民がそのシステムに内在的なものとして組み込まれた本来的な司法観に転換し得る道も、また開かれるであろう。つまり、国民の手による手作りの司法の実現であり、陪審制はそれを可能にする契機を有しているのである。これは、「国民の司法参画」と呼ぶことができる。それゆえに、刑事裁判員制度の成果が、いかなるかたちで民事裁判における国民参加に生かされるかが、今後の重要な課題となるであろう。

166

5　暗　殺

これまで、陪審制を中心に見てきたが、原はまた労働運動にも寛容であった。

原内閣の時期には、ストライキの誘惑扇動を禁じた治安警察法一七条の発動について、広範かつ厳格な適用を主張する当時の司法官僚に抗して、基本的には謙抑的な姿勢を貫いた。彼は、自ら労使紛争の調停に主導的な役割を演じ、また、労働関係立法や社会政策的な施策の必要性を痛感した。そして、労働組合法等の制定に向けた調査会を設けたのである。

なお、時期的には前後になるが、原は、内務大臣であったとき、中央から送られていた知事や高級官僚で能力的に十分ではない者たちを三十名以上辞職させた。

ただし、原の政治手腕は、政友会の絶対多数を背景とした強硬政治、そして、利益誘導型の政治として批判されることもあった。また、党利党略による力の政治が、東京市疑獄事件（一九二〇年〔大正九年〕）、満鉄疑獄事件（一九二一年〔大正一〇年〕）、および、関東州アヘン事件（同年）の汚職事件を生み、原内閣への批判も高まった。一九二一年〔大正一〇年〕一一月四日、原は、東京駅で大塚駅轉鉄手、中岡艮一の凶刃に倒れた。享年六六歳。背後関係は、特に明らかにはならなかった。

ところで、陪審法案は、原内閣当時、民衆を裁判に関与させることを嫌う枢密院の強烈な抵抗に遭い、事実上店晒しとなっていた。しかし、陪審制の命脈は保たれた。その後の高橋是清内閣（一九二一年〔大正一〇年〕一一月～一九二二年〔大正一一年〕六月）は、政友会の面目にかけて陪審制度の実現を目指した。

そして、結局、陪審法は、一九二三年〔大正一二年〕に、加藤友三郎内閣（一九二二年〔大正一一年〕六月～一九二三年〔大正一二年〕九月）で可決成立したのである。同法は、五年間という周到な準備期間の後、一九二八年〔昭和三年〕一〇月一日から施行された。現在でも、「法の日」が、一〇月一日とされているのは、これを記念してのことである。陪審裁判が停止されたのは、第二次世界大戦と大きく関わる。つまり、役所が徴兵のための「赤紙」を送るのに忙しくなり、陪審員への連絡にまで手が回らなくなったのも一因となったとのことである。なお、現在、順調な制度運営が実現されている「裁判員裁判」の制度も、その施行までに周到な準備が行われていた。

さて、原は、最初に言及した柴五郎よりも三歳年長であったが、同様に東北蹂躙（じゅうりん）の惨禍を目撃した。長州閥の伊藤博文や井上馨らには仕えたものの、爵位が授けられることになった彼は、薩長土肥の居並ぶ元勲たちと共に並び立つことを嫌い、これを返上するという破天荒な行動に出た。国際感覚にも優れ、対米英協調とりわけ対米重視の姿勢を貫いた。原は、一九一七年〔大正六年〕当時、すでに将来アメリカが世界を牛耳ることを予言していた。その後の日本の歴史を知っている者から見れば、原の暗殺は日本の将来の可能性を大きく狭める出来事であった。

ともかくこのように、政治や社会改革が、命懸けで行われていた時代があったことは驚異であり、教育者・研究者にとっても思索と行動の原点でもある。

ちなみに、たとえば、場面は一九三六年〔昭和一一年〕の二・二六事件に変わるが、幼い日、目の前で父（渡辺錠太郎）を亡くした修道者、渡辺和子は、「突然の死」について次のように記している。

『死は盗人のように来る。だから警戒せよ』と聖書には書かれている。……だから毎日毎日を最後の日であるかのように生きよというのは易しいが、行うのはなかなかむつかしい。つい明日があると思い、やり直しがきくと思って今日の仕事をしがちである。毎日を精いっぱい生きている人にとっては死は恐ろしくないだろう。……むしろ日々の労苦から解放されて永遠のやすらぎに入る喜びの日ととれるかもしれない。」

原にも死の準備はあった。すでに遺書は認められていたという。八二冊の日記も残された。　森鷗外のように、墓石に姓名以外刻んではいけない旨が、その遺書には認められていたのである。

6　陪審制度：権力に対する国民参加の橋頭堡

明治・大正期の司法は、概して、藩閥官僚政府の権力から、維新の敗者をも含むすべての国民を守る手続装置として期待されていた。

そのような司法制度の完結が陪審制の導入によって可能となると、原は考えたのではないかとも思われる。政治的な多数の確保と、司法における少数者の権利保護のための安全弁の確保は、実のところ、藩閥官僚派に対する強力な橋頭堡という点では、共通の意義があったのではないだろうかと考えられるからである。

後世、原敬の政治は、確かに、多数による力の政治であったと厳しく断罪されている。しかしながら、彼が、司法という本来的に多数か少数かに囚われない法原理部門の拡充を目指し、かつ、陪審制度とい

う少数者の人権保障制度の確立を志向したことを考えれば、その批判も一面的あるいは皮相的なものにすぎないと思われてならないのである（ただし、当時の憲法における人権規定には、法律の留保〔法律によって基本的人権を制約することができる規律〕が存在したが。）。

時代を経ても、人間の本性が基本的に変わらない限り、この種の安全弁の必要性は消えないであろう。また、先に述べたように、「司法参加」を超えた「国民参加」に基づく「国民司法」の実現も、重要な今日的課題である。今次の司法改革での提言を受けて創設された「裁判員制度」は、様々な展開可能性を有しており、その制度構築のあり方いかんでは、陪審法の趣旨を現代に蘇らせ、「国民司法」に新たな地平を拓くものとなるであろう。さらに、「民事陪審」の創設可能性への夢も広がる。

なお、本章を草する際に、原敬遺徳顕彰会編『写真集・原敬』（毎日新聞社、一九七〇年）をも紐解く機会に恵まれた。その中に、原が揮毫した「宝積」の扁額の写真も見ることができた。その所在場所として、「自民党幹事長室」と記されていたのが、私にとってはいかにも印象的であった。

【歴史の寄り道⑪】　忘れてはいけない「大逆（たいぎゃく）事件」

「裁判官のOBとして、この裁判はいわば負の遺産」ですし、非常につらい思いで読むことになります。大逆事件は、当時の刑事裁判制度が抱えていた問題点が全て出ています。捜査における拷問などの人権侵害、予審による職権的、糾問的な手続、広範囲にわたる裁判の非公開、計画・謀議をも処罰対象にする刑法のあり方など、制度的な問題が全てあらわれている。現代ではありえないようなこととはいえ、こういう裁判があったことを、忘れてはいけないし、いつでも反省材料にしなくてはいけません。

裁判官として他になすすべはなかったかと、一方で思わずにはいられません。もちろん、自分がその立場になったとき、できたかどうかは言い切ることはできません。誰でも、その

170

立場に立ってみて、初めてその真価が試されるのでしょうね。唯一の救いは、非公開裁判でしたが、弁護士は非常に自由にものを言わせてもらったことです。」

誠実かつ廉直な良心の言葉であるので長く引用した。これは、島田仁郎・元最高裁判所長官が、作家の夏樹静子氏との対談の中で語った言葉である。歴史の寄り道にしては、あまりにも重大な事件であり、戦後日本の憲法や司法制度の基底を形成することになった忘れ難い事件であることから、民事裁判を中心に述べる本書でも、是非とも取り上げたい。島田元長官が述べるように、その時代にその立場に立ったときにどのような行為をすることができるかは、いつの時代にも考えさせられる課題である。

さて、大逆事件と呼ばれる事件は、戦前の大逆罪の適用が問題となった事件であり、幸徳事件（一九一〇〜一九一一年〔明治四三〜四四年〕）、虎ノ門事件（難波大助事件。一九二三年〔大正一二年〕）、朴烈事件（一九二五年〔大正一四年〕）、桜田門事件（李奉昌事件。一九三二年〔昭和七年〕）があるが、一般には、幸徳事件が大逆事件と呼ばれる。先の島田元長官の言葉の中でも、この意味で用いられている。

大逆罪とは、旧刑法七三条に存在した罪であり、「天皇、太皇太后、皇太后、皇后、皇太子又ハ皇太孫ニ対シ危害ヲ加ヘ又ハ加ヘントシタル者ハ死刑ニ処ス」という内容であった（一九四七年に廃止）。現在の視点から見れば、既遂か、未遂か、予備かまたは陰謀かを問わず「死刑」が適用される異常な規定であった。手続的にも、大審院の特別法廷において一審限りの刑事裁判で処理された。

この事件は、無政府主義者、幸徳秋水（一八七一年〔明治四年〕一一月五日〜一九一一年〔明治四四年〕一月二四日）らが、明治天皇暗殺計画を企てたとされる事件である。一九一〇年〔明治四三年〕五月二五日、長野県明科製材所の宮下太吉が爆発物所持の現行犯で逮捕されたことに端を発した。その後、箱根の湯河原で幸徳秋水と管野スガが逮捕され、和歌山の新宮で、大石誠之助、成石平四郎らが逮捕され、計二六名に対する刑事裁判が始まった。予審を経て、同年一二月一〇日に、第一回公判が開かれ、その後、一六回にわたる公判が開かれたが、判決内容は、幸徳秋一九一一年〔明治四四年〕一月一八日の判決言渡期日を除いてすべて非公開審理であった。

水ら二四名の死刑（残る二名は有期刑）であったが、翌日、勅命により一二名が無期懲役に減刑された。

大逆事件は、共産主義者や社会主義者だけではなく、文学者たちにも大きな影響を与えた。たとえば、徳冨蘆花は、秋水らの死刑阻止を時の首相（桂太郎）に嘆願したが聞き入れられることはなかった。幸徳らの死刑執行後には、第一高等学校（現、東京大学）で「謀叛論」と題する講演を行い騒動となった。大逆事件の弁護人を務めた平出修は、小説家でもあったが、その事件を素材に『逆徒』（一九一三年）を著した。しかし、その掲載雑誌は発禁処分となった。永井荷風は、東京市欧洲戦争講和記念祭の日を描いた『花火』（一九一九年）の中で、「小説家ゾラはドレフュス事件について正義を叫んだ為め国外に亡命したではないか。然しわたしは世の文学者と共に何とも言ふ気儀はなかった。私は何となく良心の苦痛に堪へられぬやうな気がした。わたしは自ら文学者たる事について甚しき羞恥を感じた。以来わたしは自分の芸術の品位を江戸戯作者のなした程度まで引下げるに如くはないと思案した。」と記している。ゾラはフランスの小説家であり、ドレフュス事件とは、軍の陰謀によってユダヤ系大尉ドレフュスがスパイ容疑をかけられた事件である。ゾラは、公開質問状を出すなどして彼を弁護したために、イギリスへの亡命を余儀なくされた（この短編では、「大津事件」[→第9章]についても言及している。）。石川啄木や佐藤春夫など、多くの作家が、閉塞した時代状況の中で、精一杯の表現活動を行ったのである。

なお、二〇〇三年（平成一五年）には、大逆事件の犠牲者を顕彰する会によって、「志を継ぐ」の碑が、新宮の街中に建立された。碑文（横書）には、次のように記されている（下記の省略箇所□□□には、大石、平石らの姓名と生を享けていた期間が記されている。）。

「1911年、この熊野の地で、　天皇暗殺を企てたとする大逆事件のために、死刑2名無期懲役4名、都合6名の人々が犠牲になった。□□□太平洋戦争後、この事件は自由思想弾圧のための国家的陰謀である真相が判明し、かれらはその犠牲者であった。これらの人々は、必ずしも同じ思想を有していたわけではないが、熊野独特の進取精神や反骨の気風のなかで、平和・博愛・自由・人権の問題においては、むしろ時代の先覚者であった。こうしたかれらの志は、いま、熊野に生きるわれわれにも当然受け継がれるべきもの、受け継がなければ

ればならないものと確信する。」

私は、現代の日本に生きる私たちも、この志を受け継ぐべきであると考える。

なお、辻原登『許されざる者』（二〇〇九年）は、大逆事件の時代の「もう一つの世界」を描いたフィクション

である。大逆事件を知っている読者には、ある意味切ない物語である。

【参考文献】

・石光真人編『ある明治人の記録：会津人柴五郎の遺書』（中央公論社、一九七一年）

・川嶋四郎『民事救済過程の展望的指針』（弘文堂、二〇〇六年）

・川田稔『原敬と山県有朋』（中央公論社、一九九八年）

・木佐茂男＝宮澤節生＝佐藤鉄男＝川嶋四郎＝水谷規男＝上石圭一『テキストブック現代司法〔第五版〕』（日本評論社、二〇〇九年）

・木村勲『幸徳・大石ら冤罪に死す：文学・政治の〈呪縛〉を剝ぐ』（論創社、二〇一九年）

・齋藤哲『市民裁判官の研究』（信山社、二〇〇一年）

・信夫清三郎『大正デモクラシー史』（日本評論社、一九五四年）

・四宮啓「解説」大日本陪審協会『陪審手引〔復刻版〕』（現代人文社、一九九九年）

・田中伸尚『大逆事件：死と生の群像』（岩波書店、二〇一八年）

・田中伸尚『一粒の麦死して：弁護士・森長英三郎の「大逆事件」』（岩波書店、二〇一九年）

・利谷信義「民衆と法律家」『岩波講座・現代法6〔現代の法律家〕』（岩波書店、一九六六年）なお、文庫版三八七頁の島田仁郎＝夏樹静子「〈特別対談〉事実の面白さ、裁判の深さ」も参照。

・夏樹静子『裁判百年史ものがたり』（文芸春秋、二〇一〇年）〔文庫版、二〇一二年〕

・陪審裁判を考える会編『民事陪審裁判が日本を変える：沖縄に民事陪審裁判があった時代からの考察』（日本評論社、二〇二〇年）

・原奎一郎＝林茂編『原敬日記㈠〜㈥』（福村出版、二〇〇〇年）

・星亮一『明治を変えた「賊軍」の男たち』（講談社、二〇一〇年）

・松本健一『原敬の大正』（毎日新聞社、二〇一三年）

・丸田隆『陪審裁判を考える』（中央公論社、一九九〇年）

・三谷太一郎『政治制度としての陪審制』（東京大学出版会、二〇〇一年）

・村井敏邦「大逆事件（上）（中）（下）」法学セミナー五四三号一〇〇頁、五四四号九九頁、五四五号九四頁（二〇一〇年）

・渡辺和子『美しい人に』（PHP研究所、一九八五年）

・『原敬の足跡』（原敬記念館）

・テツオ・ナジタ『原敬』（読売新聞社、一九七四年）、等

■第11章 扉写真

原敬生家。盛岡市街の西、北上川を渡った河畔にある。この生家に隣接して原敬記念館があり、そこには「宝積」の石碑もある。（筆者撮影）

第12章

詩人・宮澤賢治の訴訟観
■「ソショウ」は本当にツマラナイか？

この国の裁判制度は、かつては必ずしも市民にとって身近な存在ではなかった。その裁判は、様々な小説で取り上げられ、現在においても、紛争解決のあり方について思索をめぐらすことができる題材を提供してくれる。感性豊かな詩人の作品ならばなおさらである。

宮澤賢治の作品の中から、紛争解決のあり方を考えた場合に、まず「裁判が何をもたらすか」に思い至らざるを得ない。民衆の視点から、人々の生活に豊かさをもたらしてくれる農作物の生産性の向上に力を尽くした賢治から見れば、「裁判の非生産性」が気になったのかもしれない。

本章では、賢治のいくつかの作品を取り上げ、近時の司法制度改革の潮流の中に位置づけて考えてみたい。

なお、当時の小作争議は、裁判（訴訟）外紛争解決制度（ADR）のあり方をも考えさせてくれる。

1 感性の詩人

「西暦一千九百三十一年の秋の
このすさまじき風景を
恐らく私は忘れることができないであろう」

このような書き出しで始まる詩の作者は、その季節になれば、首を垂れた稲穂が黄金色の波を織りなす風景が展開されるはずの岩手、花巻の田園地帯の異常さを描き、近い将来に紛争が発生することを予感した。詩のタイトルは「小作調停官」（『春と修羅・詩稿補遺』に所収）。詩は次のように結ばれている。

「けれどもこれら緑のいろが
青いまんまで立ってゐる田や
その藁（わら）は家畜もよろこんで喰べるではあろうが
人の飢（うえ）をみたすとは思はれね
その年の憂愁を感ずるのである」

作者は、宮澤賢治（一八九六年〔明治二九年〕八月二七日～一九三三年〔昭和八年〕九月二一日）。賢治は、岩手県花巻の富裕な質屋の長男に生まれ、盛岡高等農林（現、岩手大学農学部）に学んだ。生

前には、詩集『春と修羅』（一九二四年）と童話『注文の多い料理店』（一九二四年）を公刊したが、しかし、反響はほとんどなかった。その彼は、肺結核で兵役を免れた自己を、「社会的被告」と呼んだという。

三七歳で亡くなった賢治の人生は、信仰と献身の一生だった。その中で、「いもうと」の死に直面して、すべての人々が豊かな食生活を送ることができるように、「わたくしのすべてのさいわひをかけてねがふ」（「永訣の朝」『春と修羅・第一集』に所収）と記した。

そのような「ねがひ」の裏には、凄惨な現実があった。当時の東北地方では、夏に吹く「やませ（山背風）」と呼ばれる冷湿な東よりの風が、甚大な冷害の被害をもたらした。それは、「餓死風」として恐れられていたのである。

苛酷な自然と闘いながらも、賢治は、教育者として豊かな農村の建設に情熱を傾け、生前、公表や出版のあてのない数多くの作品を黙々と書き続けた。

本章では、その彼がもっていたと考えられる「紛争観」や「訴訟観」を、その作品の中に、垣間見て行きたい。それは、大正から昭和の初めにかけて、感受性の豊かな一市民が、司法をどのように見ていたかを示してくれるからである。

2　小作争議と小作調停法の制定

賢治の短い人生の後半生は、大正デモクラシーの昂揚とその後の昭和恐慌に至る歴史の激動期であった。その時代、農村では小作争議が頻発し、その動きはほぼ全国に及んだ。これは、小作農民が、地主

に対して、小作料の減額や免除等、小作条件の改善を求めて行った闘争であり、明治三〇年代からは、組織的な運動の形態をとった。明治民法に守られた地主による高率かつ高額の小作料の取立てが、多くの場合に苛斂誅求を極めることになった。それに凶作もあいまって、小作農家の生活を圧迫したからである。

当時の貧しい農民の生活の一端は、長塚節『土』（一九一二年）からも窺い知ることができる。夏目漱石は、『土』に寄せた「序文」で、自分の娘が年頃になって、音楽会がどうのこうの、帝国座がどうのこうのと言い募る時分になったら、ぜひこの小説を読ませたいと思っていると記した。面白いから読めというのではなく、苦しいから読めというのだと告げたいとまで漱石は付言した。

第一次世界大戦（一九一四年〔大正三年〕～一九一八年〔大正七年〕）以後は、うち続く凶作、日本への社会主義思想の流入や平等思想の普及などの結果、農民の間にも、資本主義および地主制度に対する批判と反感が高まり、米騒動が勃発し、そして、小作争議が続発した。経済恐慌が、これに拍車をかけた。

小作人側は、小作人組合や小作料不納同盟を組織して、共同耕作やデモなどの戦術を用いて闘争を繰り広げ、地主や官憲による弾圧に抵抗した。彼らは、無産政党や労働者と提携することもあった。

民法典の小作権に関する規定が、当時の日本の実情に合わないことを背景として、小作争議を迅速かつ円満に解決することを目的にして、一九二四年〔大正一三年〕には、「小作調停法」（大正一三年法律第一八号）が制定された。

これは、農村という継続的な共同体の営みの中で生じたこの種の紛争が、一刀両断の裁断で決着を図る「訴訟」による解決にはなじまないものであるとの認識のもとで、訴訟とは別の紛争処理制度（ADR: Alternative Dispute Resolutions）が、創設されたのである。小作調停法に関する当時の解説書によ

れば、「調停主義は訴訟主義の次に来るキューピット」であり、「個人が自覚して征服心理や闘争観念を、円融和平の連帯思想に純化して行けば行く丈、調停思想協調主義は濃度が加はる筈である」とも評されていた。

このような考え方には、確かに、「紛争・訴訟＝悪」という考え方や、また、後に来る「挙国一致」の考え方につながる危うい一面も見られるかもしれない。しかし、手続的には、特に継続的な近隣関係紛争における自発的な対話と合意の価値に重点を置く手続である限り、新たな紛争解決フォーラムの形成に道を開くものであった。

ただ、明治民法の根本的な修正は行われなかった。単に、新たな話し合いによる関係調整の手続のみが設けられたにすぎなかったのである。小作調停法は、当初、地域を限定した立法であり、小作争議が比較的少なかった地域には施行されなかった。賢治の岩手県に施行されたのは、その数年後であった（昭和四年勅令第一四一号による）。

3　小作調停法とその影響

小作調停法に規定された手続によれば、当事者（小作農、地主）は、小作争議が起こった場合に、地方裁判所等に調停を申し立てることができた。調停が成立し裁判所が認可決定をすれば、それには、訴訟上の和解と同一の効力、すなわち確定判決と同一の効力が生じた。この手続によれば、簡易迅速に、民事訴訟を利用した場合とほぼ同様な紛争解決の効果が得られたのである（給付条項が規定されていれば、強制執行さえ可能になったのである。）。

この法律に基づいて、各府県に「小作官」が置かれた。この小作官制度は、その地方の実情に精通した上で、農村および小作争議に特有の事情を織り込んで調停を成立させるために、新たに設けられたものである。

さて、小作調停について、一方で、地主側は、多少譲歩すれば争議を解決できるとして、この制度を歓迎した。しかし、他方で、小作側は、終始これに反対したとされている。小作農の力の強い地域では、小作調停を通じて地主の譲歩を勝ち得た例もあったが、しかし、一般には「地主的土地所有の優位」を認めた明治民法が定めた実体規範を前提として調停の手続が進められたため、小作農に対して不利に作用することも少なくなかったのである。

日本で最初の調停制度として、一九二二年〔大正一一年〕に制定された借地借家調停法（大正一一年法律第四一号）が、借地人・借家人等の保護を目的とした借地法・借家法の存在を背景に、しかも、一九二三年〔大正一二年〕に発生した関東大震災後の活用実績もあったことから、小作関係についても調停制度の活用が期待されたが、その成果自体は必ずしも上がらなかった。

小作争議は、昭和の初期には弾圧の強化などで一時沈静化したが、金融恐慌に続く農村恐慌により、特に東北地方を中心に再度激化した。一九三五年〔昭和一〇年〕から一九三七年〔昭和一二年〕には、その数が年間六〇〇〇件を超えた。しかし、以後、第二次世界大戦に突入する中で、その利用が減少した。

第二次世界大戦後、農地改革、自作農の創設に伴い、一九五一年〔昭和二六年〕に廃止され、同年に制定された民事調停法の中の「農事調停」制度に取って代わられた。

賢治は、このような小作争議を正面から論じているわけではない。しかし、不可思議な童話『どんぐりと山猫』は、後に述べるように、小作争議と重ね合わせるとひとつの解が得られるように思われる。

4　『雨ニモマケズ』と『どんぐりと山猫』

さて、宮澤賢治に戻ろう。私にとっての賢治は、困難な課題を提示するある意味教師であった。彼は、手帳に書きつけた「雨ニモマケズ」で始まる詩の中で、次のように記した。

　「北ニケンクヮヤ　ソショウガ　アレバ
　ツマラナイカラ　ヤメロトイヒ」

民事訴訟法の研究を始めた当初から、喧嘩と同列視され「ツマラナイ」と断罪された「ソショウ」を、いかにすれば当事者が納得し満足できる「法的救済過程」にできるか、私の研究課題であった。

このように、賢治は、「ツマラナイ」ものの象徴として、訴訟、とりわけ民事訴訟を挙げたが、しかし、賢治の訴訟観を知る手掛かりはほとんどない。ただわずかに、『注文の多い料理店』に収められた『どんぐりと山猫』があるのみである。

これは、「かねた一郎」が、「山ねこ拝」と記された一枚の葉書に誘われて森の中に入り、山猫の前で繰り広げられている「めんだうなあらそひ」・「これほどひどい裁判」を、「一分半で」解決する話である。

その争いとは、「黄金のどんぐりども」が、それぞれ自分が一番えらいと主張して譲らないといった内容のものであり、いわば「どんぐりの背比べ」事件とでも呼ぶべきものである。山猫判事は、毎年こ

の裁判で苦しんでいた。そこで、山猫は一郎に智恵を借りたのである。

一郎の判断の内容は、意表をつくものであった。「このなかでいちばんばかで、めちゃくちゃで、まるでなつてゐないやうなのが、いちばんえらい……ぼくお説教できいたんです。」と。山猫がこのような一郎の言葉をそのまま判決として言い渡したとき、「黄金のどんぐりども」の争いは瞬時にして止んだのである。

山猫から一郎は、「名誉裁判官」に任命された。しかし、「出頭すべし」という葉書の文句には反対した。彼は、山猫が提示した「お礼」として、「塩鮭のあたま」ではなく「黄金のどんぐり」を選んだ。先ほどまで争っていた「黄金のどんぐりども」も、そこに混ぜられた。しかし、森を抜けると、それは「あたりまへの茶いろのどんぐりに」変わってしまっていた。そして二度と葉書は来なかった。

5 賢治の訴訟観

私は、大学で教え始めたときから、「法学入門」の時間などで、時折、この作品を教材に用いた。学生たちは、若々しい感性でこの作品から様々な裁判イメージを膨らませました。多くの学生が、現代の民事裁判制度に対する批判をそこに読み取ったりもした。

賢治は、『注文の多い料理店』の「序」に、「わたくしは、はたけや森の中で、ひどいぼろぼろのきものが、いちばんすばらしいびろうどや羅紗や、宝石いりのきものに、かわっているのをたびたび見ました。……わたくしは、これらのちいさなものがたりの幾きれかが、おしまい、あなたのすきとおったほんとうのたべものになることを、どんなにねがうかわかりません。」と記した。

182

『注文の多い料理店』広告文の中で、賢治は、その最初に収録された「どんぐりと山猫」について、「山猫拝と書いたおかしな葉書が来たので、こどもが山の風の中へ出かけて行くはなし。必ず比較をされなければならないいまの学童たちからの内奥からの反響です」と記していた。

いつか、詳しく論じたいとも思うが、この小さな話は、人間の立場を相対化し、その謙虚さの価値を問い、かつ、苛酷ではあるが豊かな恵みをもたらす自然界の不思議さに目を向けさせてくれるだけでなく、さらに、民事紛争というものの捉え方やその評価、さらには裁判というもののあり方をも考えさせてくれる。

たとえば、一郎が何気なく行った権威としての説教の引用は、裁判規範としての法の援用にも比肩でき（それが、訳の分からないちんぷんかんぷんの内容であり）、また、その判決内容は、判決内容の理解可能性のもつ意味や、当事者の納得の価値などをも、逆説的に考えさせてくれる。フランツ・カフカの『審判』（一九二五年。『訴訟』とも訳されている。）さえも、想い起こさせる。さらに、訴訟当事者である「黄金のどんぐりども」の処遇とその運命も暗示的である（紛争の当事者が、「裁判官」の報酬になってしまった「黄金のどんぐりども」の処遇とその運命も暗示的である（紛争の当事者が、「裁判官」の報酬になってしまったことは滑稽さを超えて悲惨かつ冷酷でさえある。）。現在の民事裁判における鑑定人（民事訴訟法二一二条以下）や専門委員（同九二条の二以下）等の専門家利用の際の戒めを、そこに読み取ることもできるであろう（現代における原発差止関係等の科学裁判を担当する裁判官の心得を示すようにも思える。）。

賢治は、毎年生起する小作争議を気にかけながら、この「どんぐりの背比べ」事件を考えたのかもしれない。「黄金のどんぐりども」を、小作争議における「小作農」に準えることも、また、「地主」をも含めた紛争当事者すべてに準えることも、ここでは許されるかもしれない。

それは、賢治が、冷徹に、紛争や訴訟といったものを見ていたようにも思えるからである。彼は、

「地主」（『春と修羅・詩稿補遺』に所収）と題する詩で、苦悩の地主像もまた同時に描いたのである。

「三町歩の田をもってゐるばかりに
殿さまのやうにみんなにおもはれ
じぶんでも首までみんなにつかりながら
やっぱりりんとした地主気取り

……

一ぺん入った小作米は
もう全くたべるものがないからと
かはるがはるみんなに泣きつかれ
秋までにはみんな借りられてしまふ」

……

自然の脅威を前にして、小作農であれ地主であれ、人間は小さな存在にすぎない。小作農にとっても、地主にとっても、「やませ」の翌年の「春は修羅」だったに違いない。いわば、冷害という自然の脅威に直面したときには、紛争当事者のすべてが「被害者」であり、すべてに救いが必要だったのである。賢治が、小作調停や訴訟といったいわば非生産的な過去志向の営みを否定的に評価し、賢治の関心が、そのようなことが起こらないように、冷害にも強い農作物を作り豊かな農村や農民を育成するという生産的な将来志向のものと考えられることにも合点が行く。彼にとっては、農業生産こそが、人間の営み

の原点だったのであり、その生産の安定と向上こそが人間の幸福に寄与すると、考えたのであろう。

なお、アメリカ合衆国初代大統領、ジョージ・ワシントン（George, Washington, 一七三二年〜一七九九年）は、無類の読書家であり、惜しまれつつ二期目の任期を終え、自宅のあるヴァージニア州マウント・ヴァーノンに帰郷した。特に関心があったのは、「農業」であったという。もしも、その職業を聞かれたときには、「農民」と返答したのではないかとさえ言われている。

それはともかく、小作農も地主も、向けるべき努力の方向を誤れば、争っているうちに、『どんぐりと山猫』の「どんぐりども」のように、権威に仮借した「判断者」に召し取られてしまうのではないかなどといったことまで、賢治は考えていたのではないかと思われる。

これはひとつの解釈にすぎない。法華経や聖書の教えを、『どんぐりと山猫』の話の中に見出すこともできるであろう。また、不平等性や支配の構造を、そこから読み取ることもできるであろう。これは、童話であり、説話であり、寓話であり、私たちの自由な想像力をかき立ててくれる。それゆえ、リベラル・アーツ教育の最良の教材のひとつである。さらに、それを超えて、あたかもアメリカ合衆国におけるロー・スクール教育のカリキュラムに「法と文学」といった授業科目が置かれているように、『どんぐりと山猫』は、法科大学院における教材ともなり得るであろう。司法試験がボトルネックとして存在し、唯一の正解を追い求める学生たちには、酷な課題であるかもしれないが。

なお、教育の未来に関しては、第8章でも言及した『洞熊学校を卒業した三人』がある意味予言的である。法科大学院を修了し法曹になる学徒にも、是非一読していただきたい賢治の著作である。

ともかく、私は、民事手続、すなわち、ADR、保全、訴訟、執行、家事および倒産等のあらゆる民事手続が、いわば「将来志向の当事者救済過程」となるべきであると考えている。民事裁判に対する賢

治の危惧を払拭するためにも、「司法改革」が不断に推進されるべきであると思う。

6　孤独な菩薩道

本章では、その生涯を通じて「菩薩道」を歩んだ「感性の詩人」、宮澤賢治を取り上げた。彼は、自己を犠牲にしつつ他人の幸福のために苦行を重ねた。

彼は、「世界がぜんたい幸福にならないうちは個人の幸福はあり得ない」（『農民芸術概論綱要』）とも考えた。彼は、『よく利く薬とえらい薬』の話の中に見られるように、素朴な勧善懲悪あるいは権力者の自滅をも希求した。「政治家」（『春と修羅・第三集』に所収）と題する詩は、象徴的であり激烈である。

「あっちもこっちも
ひとさわぎおこして
いっぱい呑みたいやつらばかりだ

……

けれどもまもなく
さういふやつらは
ひとりで腐って
ひとりで雨に流される」

北の風土は人を育む。賢治だけでなく、石川啄木、小林多喜二、太宰治、伊藤整、石川達三、石坂洋次郎、三浦綾子、藤沢周平、三浦哲郎、そして長田弘など、感性の輝く多くの作家や詩人を輩出した。

司法制度も、「かけがえのない人生を懸命に生きる一個の人間としての尊厳と誇りに関わる問題」を扱うだけに、「感性の詩人」による評価に、耐え得るものにならねばならないであろう。

宮澤賢治にも、時代は異なるものの、次のような文芸評論家、奥野健男の三浦哲郎『忍ぶ川』〔一九六〇年〕への批評が、そのまま当てはまるのではないかと思う。

弱く、美しい人びとの心の中に生き続けるに違いない。」

『忍ぶ川』は、昭和の名作のひとつとして、人びとにながく愛され、いつまでも繰り返し読みつがれて行く作品であろう。たとえこの作者が、華々しい人気作家、大文豪などにならずマイナー・ポエットとして、つつましく生涯を送ったとしても、『忍ぶ川』一作とともに、作者は後の世の、かなしく、

この言葉を借りることができれば、「かなしく、弱く、美しい人びとの心の中に生き続ける」ことができる判決や訴訟手続は、いかに創造され構築されねばならないかが問題なのである。

なお、「宮沢賢治記念館」は、花巻市郊外の小高い丘の上にある。今から三〇年近く前、私は、北海道の小樽から熊本に新たな職を得て赴任する途中、そこに立ち寄った。その場所は、秋田県横手市の「石坂洋次郎文学記念館」とともに、それ以前から訪ねてみたかったところであり、その温かい雰囲気が、特に印象深かった。

この国の一人でも多くの人が、賢治の生きた時代の紛争処理過程の実態と、若くして亡くなった詩人

の志と希望に接することによって、静かながらも着実に司法改革が進展していくことを、私も「わたくしのすべてのさいわひをかけて」願いたい。

【歴史の寄り道⑫】民事訴訟法学者、雉本朗造の場合

本章で述べた小作争議は、法学および法学教育へも大きな影響を及ぼした。

たとえば、やや時代は前後するが、一九二〇年〔大正九年〕、京都帝国大学教授（当時、法科大学長）の雉本朗造は、立命館大学の附属施設として、大阪道修町に「法律の病院」として「日本法律研究所」を創設した。「医学の研究に附属の病院が必要である如く法律の研究にも是非其の実地研究所が必要である」との理由による。そこでは、市民からの依頼を受けて、鑑定や調査の業務が行われた。

これは、近時における法科大学院の創設でにわかにクローズ・アップされてきた「リーガル・クリニック（Legal Clinic．臨床法学）」の先駆とも評価できる。この国では、すでに大正年間に「学理と実務」の架橋の重要性が認識され、その実現が試みられていたのである。

雉本の郷里、愛知県鳴海付近で発生した小作争議は、その研究所が取り組んだ事件のひとつでもあった。彼は小作農の側に立った。しかしながら、研究所は財政難に陥り、また、職域を侵されることになった弁護士らから批判も受けた。研究所からは関係教授が全員抜け、雉本ひとりが残された。一九二二年〔大正一一年〕三月一三日深夜、雉本は、静養先の別府から神戸に向かう船の上から姿を消した。死因は現在でも謎である。享年四六歳。すでに東京帝国大学への転勤も決まっていたという。なお、その翌年、鳴海小作争議は小作料の引下げ等を内容とする和解により終結した。

後年「官学の学者におよそ稀な反骨精神に翳った生涯」を送ったと評される民事訴訟法学者が、大学人としての社会的な使命に燃えて、理論と実務の狭間で誠実な呻吟を重ねていたことが窺われる。それは、大正デモクラシーの命運を象徴する出来事なのかもしれない。なお、日本民事訴訟法学の基礎を築いた兼子一も、雉本の業績

と記している。

を高く評価して、「先生なくしては恐らく、わが国の民事訴訟法学の今日の姿を見出すことは困難であったろう。」

【参考文献】

・石牟礼道子『苦海浄土：わが水俣病』（講談社、一九七二年）〔解説、渡辺京二〕

・大角修『イーハトーブ悪人列伝：宮沢賢治のおかしなやつら』（勉誠出版、二〇一一年）

・川嶋四郎『アメリカ・ロースクール教育論考』（弘文堂、二〇〇九年）

・雉本朗造『民事訴訟法の諸問題』（有斐閣、一九五五年）

・小山昇『民事調停法〔新版〕』（有斐閣、一九七七年）

・佐上善和「雉本朗造と日本法律研究所」立命館法学一九八八年五・六合併号一〇二二頁（一九八八年）

・鈴木正「雉本朗造」思想の科学一一九号八八頁（一九七七年）

・鈴木正裕「民事訴訟法の学説史」ジュリスト九七一号一頁（一九九一年）

・関川夏央『本よみの虫干し：日本の近代文学再読』（岩波書店、二〇〇一年）

・土井権大＝水本信夫『小作調停法原理』（良書普及会、一九二四年）

・畑山博『教師宮沢賢治のしごと』（小学館、一九八八年）

・廣田尚久『紛争解決学〔新版〕』（信山社、二〇〇二年）

・増子義久『賢治の時代』（岩波書店、一九九七年）

・三浦哲郎『忍ぶ川』（新潮社、一九六五年）〔解説、奥野健男〕

・宮沢賢治『宮沢賢治全集〔第一巻〕～〔第八巻〕』（筑摩書房、一九八五年～一九八六年）、等

■第12章　扉写真

花巻駅前には「どんぐりと山猫」の話をモチーフにした石像が置かれている。なお、そこのどんぐりたちは黄金色ではない。山猫裁判官の足下にもどんぐりたちが転がっている。（筆者撮影）

戦後司法改革の小史
■戦後民主司法は何を創り残したか？

「人間のこころとは、癒しというようなことを超えた、もっと深いところで、救済というものを望んでいるように思う。」

河合隼雄ほか 『こころの生態系』（講談社、二〇〇〇年）より

小林 康夫

「彼はみずから問うてみた。果たして人類社会は、あるいはその不道理なる不注意を、あるいはその無慈悲なる警戒を、各人に同じく受けさせるの権利を有するを得るであろうか。そして欠乏と過重との間に、仕事の欠乏と刑罰の過重との間に、あわれなる者を囚とえるの権利を有するを得るであろうか。偶然によってなさるべき財産の分配にあずかること最も少ない人々を、ために最も容赦すべき人々を、社会はまさしくかくのごとく待遇するとするならば、それは不法なことではあるまいか。」

ヴィクトル・ユーゴー

豊島与志雄訳 『レ・ミゼラブル』
（岩波書店、二〇〇三年（原著、一八六二年）より

1　戦後の司法改革

　日本の戦後司法は、大きな制度転換を経験した。一九四六年（昭和二一年）に新たに制定された日本国憲法は、「司法権の優位」を明記している。

　国民主権（憲法前文、一条）を規定する日本国憲法の下では、「すべて司法権は、最高裁判所及び法律の定めるところにより設置する下級裁判所に属する」（憲法七六条一項）として、三権分立が厳格に貫かれ、最高裁判所が、国会および内閣と並ぶ憲法上の機関として位置づけられた。旧憲法下では、司法省が裁判所の予算権も人事権も有していたが、現憲法下では、それらの権限は勿論最高裁判所に属している（司法省の名称は、法務省と改められた。）。

　これに対して、戦前の大日本帝国憲法の下における司法権は、天皇主権の発現形態の一部にすぎなかった。「司法権ハ天皇ノ名ニ於テ法律ニ依リ裁判所之ヲ行フ」（旧憲法五七条）と規定されており、司法権は、天皇が総攬（そうらん）する統治権の一作用とされていた。このような天皇主権の下における司法権が抜本的に改正されて、戦後、国民主権・三権分立制度に基づいた人権保障のための機構として、新たな司法権が誕生したのである。

　さらに、このような基盤の大きな転換に加えて、裁判所は、憲法上明確に違憲法令審査権を有することになった。「最高裁判所は、一切の法律、命令、規則又は処分が憲法に適合するかしないかを決定する権限を有する終審裁判所である。」（憲法八一条）と、日本国憲法に明記されたのである（勿論、下級裁判所も、具体的事件の審理の過程で、当然に違憲法令審査権を行使することができる。）。

このような憲法上の規定によって、国会（立法権）と内閣（行政権）に対する「司法権の優位」が、日本国憲法上、明確に保障されることになったのであるが、違憲法令審査権の憲法への明記は、日本の占領政策を遂行していた連合国軍総司令部（GHQ）の強い指示によるものであった。敗戦直後の憲法問題調査委員会では、法令審査権を憲法に規定すべきかどうかについては、明文化することなく解釈に委ねるという、大日本帝国憲法下の基本的な建前と同様とする旨の結論が出されていた。しかし、一九四六（昭和二一）年二月一三日のマッカーサー憲法草案には、違憲法令審査権が明記された。このように、戦後間もなく行われた司法制度の民主化やそれを具体化するための諸改革は、占領政策の一環として推進されたのである。

戦後におけるこのような司法改革は、自己内発的な改革というよりも、むしろ、GHQの占領政策に基づき司法の民主化を実現するためのものであった。すなわちそれを刺激する「外圧」による改革である。

裁判手続の局面では、刑事訴訟法が全面改正されたのに対して、民事訴訟法は、ほとんど改正されることはなかった（実体法では、民法親族編および相続編が全面的な改正を経験し、また、商法会社編等も、大きな改正を経験した。）。民事訴訟法に関しては、GHQの担当者アルフレッド・オプラーは、後年、以下のように述懐している。

〈民事訴訟法には、新憲法の原則に明らかに反する規定はさほど多くなかった。改正の背後には、裁判所の負担を軽減することと、裁判所の父権的干渉主義を弱めることによって訴訟手続を民主化することという、二つの考慮が存在した。この改革は、当事者主義の採用に道を拓くように企図されたものであったが、しかし、アメリカの実務の複製を期待したものではなかった。

192

なお、一般の人々は、明らかに、弁護士を、正義を達成するプロセスの枠組の中で活動するものとしてよりも、依頼人の報酬目当ての私的実業家と見ていた。これに反して、裁判官は尊敬され、体制の一翼を担う者として信頼さえされていた。）

本書が焦点を当てる民事司法改革についても、他の法領域での改革と同様に、その基本的な方向性には特筆すべきものが存在した。民事訴訟の改革（特に、民事訴訟法の改正）については、たとえば、憲法等の施行に伴う条文の整理、職権主義の退潮、直接審理主義の徹底化、訴訟の迅速化、手続の簡易化、素人性の加味、不要不当の上訴の防止、訴訟関係人の権利の伸長等が挙げられており、また、GHQの担当者によって、司法制度を支える法曹制度の改革についても、透徹した見方と改革の指針、特に弁護士制度の改革（特に、その制度的な独立性の確保）が示されていたのである。

しかし、民事訴訟法の改正については、ただわずかに、日本国憲法・裁判所法と同時の施行を意図して制定された「日本国憲法の施行に伴う民事訴訟法の応急措置に関する法律」（昭和二二年法律七五号）において、その第二条に、「民事訴訟法は、日本国憲法及び裁判所法の制定の趣旨に適合するようにこれを解釈しなければならない。」という解釈規定が置かれたにすぎなかった。戦後間もなくの時期における民事訴訟法の改正については、その後に、一方では、職権証拠調べを禁止し（旧二六一条の削除）、弁論主義を貫徹するとともに、他方で、当事者主義の象徴としての交互尋問制度（旧二九四条ノ二、現二五六条、二九五条、現二〇二条・民事訴訟規則一一三条以下）の導入、および、変更判決制度（旧一九三条ノ二、現二五六条）の創設等が行われたが、その程度の改革改正にとどまったことからも明らかなように、国民に身近な全面改正は、半世紀の時を待つこととなった。

それはともかく、戦後における司法権の独立は、「裁判官の独立」と「司法権行使の自主自律性」によっても特徴づけられる。

まず、司法権の独立は、司法権自体における他の統治機構からの独立だけではなく、個々の裁判官の独立からなる。それは、現実には、裁判を担当する個々の裁判官が、その自主独立の判断の機会を確保されることによって実現される。「すべて裁判官は、その良心に従ひ独立してその職務を行ひ、この憲法及び法律にのみ拘束される。」（憲法七六条三項）という規定が、このことを明らかにしている。

裁判官がその良心に従うとは、裁判官の内面的・精神的な独立であり、裁判に際して、公正無私な判断を行うべきことをいい、裁判官の職務の独立とは、対外的な独立性であり、裁判事務については、他の裁判官や裁判所その他のいかなる国家機関等からの干渉をも受けることなく自主的に行うべきことを意味する。

先に述べた大津事件（→第**9**章）では、後年、裁判官の独立が問題とされたが、後に述べる平賀書簡事件でも、より純化されたかたちで、そのことが問題となった（→本章**3**）。

さらに、司法運営の自主性を確保するためには、最高裁判所における「規則制定権」が重要な意義をもつ。

司法の運営に関する事項については、最高裁判所に「規則制定権」が賦与された。つまり、「最高裁判所は、訴訟に関する手続、弁護士、裁判所の内部規律及び司法事務処理に関する事項について、規則を定める権限を有する。」（憲法七七条一項）として、司法の自主的な運営が尊重され確立されたのである。

規則制定は立法的な作用であるが、専門技術的な色彩の強い司法の運営に関する細則について国会で

の立法を待つのは時間がかかり、しかも、専門技術性から時代の要請に従って弾力的な制定や改正を実現すべき期待から、司法運営の機能向上のために導入されたものである。これも、アメリカ合衆国連邦最高裁判所等の規則制定権にならったものである（なお、アメリカ連邦民事訴訟規範については、訴訟手続の技術的性格および柔軟な改正の機会の確保等の要請を反映して、「民事訴訟授権法」により、民事訴訟に関する規範を「規則」の法形式で制定することが承認されている。それにより、連邦民事訴訟規則が制定されており、時代に即した民事手続過程を構築することができる基本的な枠組が設定されている。連邦証拠規則も同趣旨で制定され、また、連邦諸州の民事訴訟規範の多くも、規則の形式で制定されている。）。

規則制定権は、最高裁判所が行使するものであり、規則（最高裁判所規則、または、単に裁判所規則と呼ばれる。）は、規則制定諮問委員会の諮問を受けて、最高裁判所の裁判官会議の議決によって制定される。

近時、新しい法律が国会で制定された場合には、それに伴って、その法律の細則が最高裁判所によって作られることも少なくない。民事手続法関係では、たとえば、民事執行法、民事保全法、民事再生法、破産法や会社更生法等が、相次いで立法化されたが、その際には、民事執行規則、民事保全規則、民事訴訟規則、民事再生規則、破産規則、会社更生規則等が、それぞれ制定された。

2　戦後における裁判所改革

さらに、戦後の司法改革、とりわけ裁判所の機構改革には、めざましいものがある。大日本帝国憲法下の裁判所制度と比較した場合に、日本国憲法の機構改革には、めざましいものがある。大日本帝国憲法下の裁判所制度と比較した場合に、日本国憲法の下で改革されたのは次の諸点である。興味深いのは、

旧制度の廃棄であるためその特徴の多くが、「禁止」関係であるが、新たな制度の「創設」の局面も、少なくない。

(1)　特別裁判所の禁止

まず、憲法七六条二項は、「特別裁判所は、これを設置することができない。行政機関は、終審として裁判を行うことができない。」と規定し、特別裁判所の設置を禁止した。これは、憲法三二条が、何人も裁判所の裁判を受ける権利を奪われないことを保障していることに即応して、法の下の平等の要求をさらに具体的に法廷における平等にまで徹底させ、最高裁判所の下に司法権の行使を一元化し、ひいては、法の支配を実現することを目的としたものである。

これにより、司法・裁判所制度の系列から外れる特別裁判所の設置、たとえば、軍事裁判所等のような特定の事件を裁判する裁判所の設置、さらには、皇室裁判所等のような特定の身分を持つ者だけを対象とした裁判所の設置が、憲法上禁止されることになった。

(2)　行政機関の終審裁判の禁止

また、憲法七六条二項は、行政機関が終審として裁判することを禁止している。確かに、行政機関も事件の法的解決を行うことはあるが、国民の裁判を受ける権利（憲法三二条）の保障から、行政機関の事件処理に対しても、必ず最終的には裁判所の司法審査が受けられるように保障されなければならない。

たとえば、労働委員会の救済命令（労働組合法二七条の一九以下）、公正取引委員会の審決（独占禁止法七七条以下）、特許審判官の審決（特許法一七一条以下、一七八条以下）、海難審判所の裁決（海難審判法四四条）のように、行政委員会が行う判断についても、最終的に裁判所において争うことができる。ただ、このようなシステムの構築は、一方で、個々の行政機関では迅速な専門的判断を可能にするものの、他方

で、裁判所への不服申立ての機会を保障しなければならないことから、紛争解決手続の長期化も懸念される。たとえば、労働委員会の救済命令についていえば、都道府県の労働委員会の命令に対しては、中央労働委員会への不服申立ても認められており、その命令に対しては、地方裁判所に救済命令の取消訴訟を提起する途が保障されていることから、いわゆる「五審制」（例、①都道府県労働委員会→②中央労働委員会→③地方裁判所→④高等裁判所→⑤最高裁判所）の弊害さえも指摘されているのである。

(3)　簡易裁判所の創設

　これらの「禁止」に対して、新たな制度の「創設」もまた行われた。「司法権の優位」を実践すべき使命を帯びた最高裁判所の創設が「創設の中核」に位置づけられる。

　戦後、裁判所法の制定とともに、区裁判所が廃止され、新たに簡易裁判所（旧民事訴訟法三五二条以下、現二七〇条以下）が創設された。これは、戦前にミニ地裁化していた区裁判所の制度を改め、より市民に身近な裁判所として、簡易裁判所を新たに設けたのである。通常の民事訴訟事件について、地方裁判所の第一審訴訟手続の特則として、訴額が一四〇万円（創設当時は、五千円）以下の事件につき簡易裁判所手続の特則が定められると同時に、官署として、新たに簡易裁判所が創設された（名称としては、「治安裁判所」や「民生裁判所」等の案も存在した。）。たとえば、口頭での提訴（同二七一条）をはじめとする様々な手続上の簡略化と、少額訴訟手続（同三六八条以下。現在、六〇万円〔創設当時は、三〇万円〕以下の金銭請求に限定）、訴え提起前の和解（即決和解、同二七五条）、和解に代わる決定（同二七五条の二〔平成一五年の民事訴訟法改正で追加〕）、督促手続（同三八二条以下）、民事調停（民事調停法一条以下）等、市民の利便性に役立つ様々な簡易な紛争解決手続のメニューが、そこには用意されている。

(4)　家庭裁判所の創設

さらに、一九四八年（昭和二三年）には、裁判所法等の改正を通じて家庭裁判所が創設された。これは、アメリカ Family Court のシステムを参考に設けられたものである。

家庭裁判所は、第一に、家事事件手続法で定める家庭に関する事件の審判および調停（家事事件手続法を参照）、第二に、少年法で定める少年の保護事件の審判（少年法を参照）等を行う裁判所であったが、第三に、人事訴訟法で定める人事訴訟の第一審の裁判も、その権限とされることになった（裁判所法三一条の三。手続については、人事訴訟法を参照）。これにより、ようやく、家庭事件（家事調停、家事審判、人事訴訟）の家庭裁判所への集中が実現されることとなったのである。

3　いわゆる「司法の危機」と呼ばれた現象

連合国軍総司令部は、日本の占領政策すなわち民主化政策の一環として、司法改革を後押しした。しかし、手続法改革のほとんどが刑事手続法の領域にとどまり、民事手続法の領域については、簡易裁判所や家庭裁判所等の創設は行われたものの、全面的な民事訴訟手続の改革は実施されることがなかった。これは、GHQが、日本の民事司法の手続法とその運営面では、それほど大きな問題がなかったと考えたためと、それらのことにも起因して、その本格的な改革にまで手を着ける大きな必要性が存在しなかったとされたこと、さらには、時間的な余裕がなかったことなどにもよるようである。

戦後、司法制度をめぐっては、一方で、日米安保体制を基調とした秩序の維持を強調する体制側との衝突などを背景に、いくつかの具体的事件に関して、時に「司法の危機」と言われる時代を迎えることになった。制勢力と、他方で、日米安保体制を破棄し、さらに徹底した民主化を求める反体

198

　まず、「吹田黙祷事件」を挙げることができる。

　一九五一年〔昭和二六年〕のサンフランシスコ講和条約の締結と翌年の発効により占領体制が終了し、日米安全保障条約が締結され、いわゆる日米安保体制へと移行していった。この時期において、高揚した大衆運動に対して国側が徹底した取締りを実施する中で、たとえば、一九五二年〔昭和二七年〕には、白鳥事件、青梅事件、芦別事件、メーデー事件および破防法違反事件といった一連の刑事事件が勃発した。それらにおいて、刑事被告人の人権を守るために広範な大衆運動が組織され、運動の一部が裁判闘争・法廷闘争へと展開した。

　このような状況で、国は、裁判闘争から法廷の秩序を守るために、同年に、「法廷等の秩序維持に関する法律」を制定し、最高裁も、「法廷等の秩序維持に関する規則」を制定した。これは、アメリカ等における「裁判所侮辱罪（Contempt of Court）」の制度などを参考にして作られたものである。

　その直後、（旧）国鉄の吹田駅操車場付近で朝鮮戦争に反対する者たちが警官隊と衝突し、騒擾罪として起訴された事件である吹田事件の公判廷で発生したのが、吹田黙祷事件である。多数の被告人が、朝鮮休戦協定が締結されたので法廷において拍手をし黙祷を捧げたいと申し出た。その際に、検察官はその禁止を求めたが、大阪地方裁判所の事件担当裁判長、佐々木哲蔵判事はそれを認めた。これに対して、最高裁判所は、翌年九月に、全国の裁判官に向けて、「法廷の威信」と題する通達を発し、法廷の秩序維持は現下の重要問題であるにもかかわらず「かような事態が発生したことはまことに遺憾」と指摘した。その後、裁判官訴追委員会は、佐々木判事に対して、罷免事由が存在するとしながらも、罷免訴追猶予の決定を行った。

　さらに、一九五五年〔昭和三〇年〕に入って、「司法の危機」や「偏向判決」批判等の問題が浮上した。

戦後の民主憲法の下で、「司法の逆コース」と表現されたこともあった。

一方で、当時の最高裁判所長官、田中耕太郎は、「ジャーナリズムその他一般社会の方面から来る各種の圧力に対して裁判官は毅然として独立を維持しなければならない」ことを強調し、また、司法行政の側面からは、裁判官への統制が強化されることとなった。民主的な学者や弁護士らは、このような一連の経緯を「司法の危機」と批判して、司法権の独立および裁判官の独立を守るための運動を展開した。

その後、安保体制に対する国民の反対運動が、次第に激しさを増すことになった。一九五九年（昭和三四年）三月に、日米安全保障条約三条に基づく行政協定に伴う刑事特別法二条に違反したとして訴追された、いわゆる「砂川事件」の第一審判決において、アメリカ軍隊の駐留は憲法九条二項前段の「戦力保持禁止」に違反するとする違憲判決が下された（この判決は、裁判長の姓を取り、「伊達判決」とも呼ばれた）。この違憲判決は、安保体制に反対する側にとっては、その運動を活気づけるものであったが、安保体制を守ろうとする側にとっては大きな衝撃となった。そこで後者は、この判決を「偏向判決」として攻撃し、こうした違憲判決に同調する裁判官がさらに出てくるのではないかと危惧した。

さらに、当時は、民事訴訟審理の遅延が著しく、その迅速化とともに、訴訟手続の合理化、上告制限、弁護士報酬の訴訟費用化等に関しても活発な議論が交わされた。また、裁判官の待遇を改善し十分な数の優れた人材を確保することも、重要な課題とされた。

そのような状況の下で、政府は、一九六二年（昭和三七年）五月、内閣に「臨時司法制度調査会」（臨司）を設置した。これは、司法制度の運営の適正を確保するために、裁判官の任用制度・給与制度はいかにあるべきかについて、緊急かつ必要な施策を実施することを目的とした。国会・政府・裁判所・検察庁・弁護士会および学識経験者各界代表によって、司法制度のあり方が調査・審議されたのである。

この調査会は、二年間にわたる調査と議論を経た後に、一九六四年〔昭和三九年〕八月、『臨時司法制度調査会意見書』を公表した。

しかし、この意見書は、弁護士会が主張していた、「法曹一元制度」の採用に対しては否定的な態度をとり、また弁護士の公的性格を強調して弁護士の在野性を批判する内容であったために、日本弁護士連合会をはじめ、その構成メンバーである全国各地の単位弁護士会等から厳しく批判された。この意見書は、結果として、司法の民主化の方向とは逆行する「官僚司法の強化」の方向を採用する内容となっていたが、多くの重要な項目について検討を行ったものであり、その後徐々に意見書の提言に沿った制度改革が実現されて行った。また、この意見書の作成プロセスから得た教訓（制度内在的内発の改革の困難性等）は、後年の『司法制度改革審議会意見書』の作成プロセスにも生かされることになった。

一九六五年〔昭和四〇年〕以降、下級審において違憲判決が相次いで下されたことに端を発して、右翼ジャーナリズムから、「偏向判決」の批判やキャンペーンが展開された。この時期に特徴的な点は、民主的な法律家が集った研究団体である「青年法律家協会（青法協）」に加入している裁判官に対して、執拗な批判と弾圧が繰り返されたことである。

これに呼応するかのように、自由民主党も、違憲判決や無罪判決を取り上げて攻撃し、「偏向裁判」として裁判を批判した。しかも、最高裁の裁判官の任命に圧力をかける目的で、一九六九年〔昭和四四年〕五月一三日に、「自由民主党司法制度調査会」を設置した。この自民党の動きに対して、最高裁は、同年四月二三日に、「仮に特別委員会が設置され、その活動が係属中の事件に対する裁判批判となりあるいは裁判所に対する人事介入によって裁判の独立をおびやかすようなことがあるとすれば、誠に重大である。　裁判所は憲法に従い、自らの伝統とする不偏不党、かつ中立な立場において裁判の独立を厳守

する決意に変りない」との最高裁判所事務総長の談話を発表し、政府からの圧力に対抗する決意を述べた。

しかし、最高裁が裁判の独立を厳守する旨の決意を述べたその直後に、裁判所の内部で裁判官の独立を脅かす事件が勃発した。それが、「長沼ナイキ訴訟事件」である。

これは、北海道長沼町で、第三次防衛力整備計画に従って、地対空誘導弾ナイキ・ハーキュリーズの基地を建設する目的で、保安林解除の農林大臣告示が同年七月七日に出されたことに起因した事件である。この告示に対して、地元農民は、札幌地裁において農林大臣を相手どって保安林解除処分の取消しを求める行政訴訟を提起した。この訴訟事件における最大の争点として、自衛隊の合憲性が問題となった。当時の札幌地裁所長、平賀健太判事は、私信の形式で、この事件を担当する裁判長、福島重雄判事に対して、自衛隊の合憲性について裁判所には判断の権限なしとの見解を表明して、暗に違憲法令審査権の行使を控えるように、といった内容の意見を伝達した。

これは、裁判に対する干渉、すなわち裁判官の独立に対する干渉であることは明白であったが、この「平賀書簡事件」は、その後、意想外の展開を見せた。それは、書簡を送った側の平賀ではなく、送られた側でかつ書簡を公表した福島の訴追問題へと展開したのである。さらに、福島は、先に述べた青法協のメンバーであったことから、裁判の当事者である国側から忌避の申立てもなされた。裁判官訴追委員会では、「訴追猶予」の決定が下されたが、福島は、札幌高裁から、「平賀書簡公表を阻止しなかったことと平賀メモを公表したことは裁判官としての節度を超えたものである」として注意処分を受けた。

この平賀書簡事件は、戦後日本における官僚司法の問題点を浮き彫りにするとともに、「司法の危機」とされる事態を増幅するものであった。

しかしその後も、裁判官不再任問題等が生じ、特に青法協会員裁判官に対する攻撃は続いた。最高裁は、青法協会員の裁判官の再任（任官以降、一〇年ごとに行われる再任用）を拒否するという方法で、その

ような政策を推進した。こうした状況の中で生じたのが、一九七一年（昭和四六年）における宮本康昭判事補の再任拒否事件と、同年の阪口徳雄司法修習生の罷免事件であった。最高裁は、宮本不再任問題については、後にこれが青法協の会員を理由とするだけではないと言明した。しかし、このように、状況証拠からすれば、限りなく明確に思想信条を理由とする差別（憲法一九条参照）であったと、今日では評価されている。

4　『司法制度改革審議会意見書』に至る道程

一九七五年（昭和五〇年）以降、下級裁判所による違憲法令審査権の行使の事例は少なくなった。また、行政訴訟の領域では、多くの事件で住民敗訴の判決が続いた。特定の事件類型（例、水害に起因する国家賠償請求訴訟事件等）については、司法行政における最高裁のイニシアティヴが貫徹され、司法が「冬の時代」を迎えたとも評された。

この時期、青法協の会員であった裁判官はほぼ全員退会したとされ、裁判官は以前ほどに自由に発言しなくなったとされた。

これに対して、活発化したのが、裁判所と法務省との間の人事交流である。裁判官が、法務省に出向し、一定の期間、検察官（訟務検事）として、その職務を行うのである。これは、「判検交流」と呼ばれる。このような訟務検事が、国家賠償請求訴訟における被告国側の訴訟代理人として、国を弁護する

システムが定着することになった。そして、行政訴訟事件では、住民側の敗訴判決が相次ぐようになった（ただし、刑事裁判の領域では、二〇一二年度（平成二四年度）に「判検交流」は廃止された）。

このような現象は、ある意味では、「司法の危機」とされた時代において、最高裁が、教訓として得たことが、あたかも伏流水が浸潤するごとく、司法行政の領域で「生かされた」結果であるのかもしれない。下級裁判所のみならず、最高裁自体が違憲判決を下すこともはるかに少なくなり、最近に至るまで、最高裁の動向が以前ほど社会の注目を浴びることもなくなった。

確かに、司法は「安定の時代」に入ったとも評されるが、しかし、国民が一九六〇年代に司法に対して抱いた期待感と信頼感は、ある意味では減少したとも言える。「伊達判決」や「福島判決」、あるいは「杉本判決」といった、判決に裁判官の固有名詞が付される判決はほとんどなくなり、裁判官も「没個性化」して「保守的傾向」だけが強まってきたとも批判されることになったのである。

しかし、その後、刑事事件の領域では、相次いで冤罪事件の再審手続で、無罪判決が言い渡され、それを契機に、国民の司法への参加の要求として、陪審制度ならびに参審制度の導入の機運が高まってきたのである。最高裁自体も、積極的に諸外国における国民の司法参加の実態調査に乗り出し、エリート裁判官を外国に派遣して調査・研究に従事させ、さらに、若い裁判官の他職経験を実現するための出向（大手弁護士事務所や企業等への出向）等を実施している。また、国民の司法への信頼をつなぎとめ、国民の司法を実現するために、明治以来の文語調で漢字カタカナ混じり文の法律を、国民が分かりやすい現代語（漢字ひらがなまじり文・口語体）に改めるための作業に乗り出した。刑法も民法等も、すべて現代語に改められた。

民事訴訟法については、一九九六年（平成八年）に大改正が行われ、現代語の条文による新しい民事

訴訟法が制定された。この民事訴訟法では、「国民が利用しやすく分かりやすい民事訴訟」が目指された。そして、その実現のために、争点・証拠の整理手続の整備（民事訴訟法一六四条以下）と証拠収集手続の拡充（同一六三条・二二〇条以下）が行われた。最高裁への上告を制限する上告受理申立ての制度（同三一八条）が設けられたが、抗告事件における最高裁での審理の範囲を拡大する許可抗告の制度（同三三七条）も設けられた。さらに、三〇万円（現在は、六〇万円）以下の少額金銭請求事件については、市民が弁護士に依頼することなく本人でもらうことができる、少額訴訟から、訴訟手続をかなり簡易化し、一回の口頭弁論でその日に判決までもらうことができるようにとの配慮手続（同三六八条以下）の制度も創設された。この審理判決の手続は、「一期日審理即日判決」の制度と呼ばれている。

その後、一九九九年（平成一一年）七月には、非法律家を多数含んだ一三名のメンバーからなる司法制度改革審議会が設置された。なお、その二ヶ月後には、現職の裁判官および元裁判官からなる「日本裁判官ネットワーク」が設立されたことも注目に値する。

5　『司法制度改革審議会意見書』とその後

二〇〇一年（平成一三年）六月一二日に、司法制度改革審議会から『司法制度改革審議会意見書──二一世紀の日本を支える司法制度』が公表された。その後、『意見書』の内容を具体化するための様々な個別の努力を経て、多くの法領域で制度改革等が展開された。民事司法のいくつかの分野でも、着実な改革が行われた。明治期にこの国の近代司法制度が創設されて以来、戦後の司法制度改革に次いで大規

205

模な司法改革が、現在一定程度着実な成果を挙げている。

先に述べたように、戦後の大規模な司法改革が、必ずしも十分には民事司法改革にまで及ばなかったので、現在の改革は、特に民事司法改革については、究極的にはいわば戦後の司法改革から長らく忘れられていた重要な諸課題を、時の経過に伴う智恵と経験といった付加価値を付けて成し遂げるものであると、評価できるのである。

この『意見書』の中には、必ずしも網羅的ではないものの、数多くの重要な民事司法改革の論点が盛り込まれていた。

まず、「国民の期待に応える司法制度の構築（制度的基盤の整備）」の一番最初に民事司法改革が位置づけられ、「国民にとって、より利用しやすく、分かりやすく、頼りがいのある司法とするため、国民の司法へのアクセスを拡充するとともに、より公正で、適正かつ迅速な審理を行い、実効的な事件の解決を可能とする制度を構築する。」という基本的な改革の方向性が呈示されていた（「より」という副詞と「頼りがい」という名詞が注目に値する）。そして、民事司法へのアクセスの容易化や裁判（訴訟）外紛争解決制度（ADR: Alternative Dispute Resolution）の拡充から、裁判手続の改善すなわち利用者の多様なニーズに即応した「適正・迅速かつ実効的な救済」の形成や実現に至る手続過程の改善まで、いわば「トータルな民事救済手続システムの再構築」のあり方が提言されていたのであった。

そこでは、まず、訴訟事件について、①審理の内容を充実させて、現在の審理期間をおおむね半減することが目標とされた。そのために、②審理計画を定めるための協議を義務付けて計画審理を推進し、審理手続が長期化しがちな専門的知見を要する事件について、鑑定制度の改善を図るほか、専門家が訴訟手続へ参加する新たな制度の導入の必要性も指摘された。③特に、証拠収集手続を拡充するとともに、訴訟手続が長期化しがちな専門

知的財産権関係訴訟については、東京・大阪両地方裁判所の専門部の処理体制を一層強化し、実質的に特許裁判所として機能させることが提言され、また、④個別労使関係事件の増加が顕著となっている労働関係事件についても、労働調停を導入するなど対応強化のための方策を中心に講じることも顕著となっていた。さらに、⑤簡易裁判所・家庭裁判所については、管轄の見直しを含め、その機能の充実を図ること、そして⑥権利実現の実効性を確保するために、民事執行制度改善のための新たな方策を導入することも、提言されていたのである。

また、⑦司法へのアクセスを拡充するため、利用者の費用負担の軽減、民事法律扶助の拡充、司法に関する総合的な情報提供を行うアクセス・ポイントの充実等を図り、しかも、⑧国民が、訴訟手続以外にも、それぞれのニーズに応じて多様な紛争解決手段を選択できるように、裁判外紛争解決手段の拡充・活性化を図ることも、その中に盛り込まれていたのである。

さらにまた、⑨三権分立ないし抑制・均衡システムの中で、従前にもまして司法の果たすべき役割が一層重要となることを踏まえ、司法の行政に対するチェック機能の強化を図る必要があることも指摘されていたのである。

これらの広範囲に及ぶ諸課題を具体的に現実化するために、司法制度改革推進本部内に、まず、全体を統括するために顧問会議が設置され、その下に置かれ各課題に個別に取り組む検討会も、上記の民事司法改革関係に限っても、司法アクセス検討会、ADR検討会、仲裁検討会、労働検討会、行政訴訟検討会、そして知的財産訴訟検討会といった具合に、数多く創られたのであった。

ただ、一部（上記②、③、⑥、⑦の一部）については、それまでの経緯などもあり、法務省の法制審議会に、その審議および法制化が委ねられたのである。

そして、各検討会等で活発な議論が展開され、また、現在すでに新たな立法となって実を結んだもの
も、そこには少なからず見受けられる。

たとえば、①については、二〇〇三年〔平成一五年〕七月に、民事裁判と刑事裁判の両者を射程に入
れ、第一審の訴訟手続を二年以内のできるだけ短い期間内に充実した審理を行って終結させることなど
を目標として「裁判迅速化法」が制定された。さらに、同時期に、②と③（管轄関係に限る）とに関して
は、民事訴訟法等の一部改正が行われ、⑤については、少額訴訟手続の訴額上限の引上げとともに、人
事訴訟法等が制定され、⑥については、民法および民事執行法の一部改正（特に、担保権の実行関係の規
定等に関する改正）が行われ、⑦については、裁判所法等の一部改正が行われ、二〇〇四年〔平成一六年〕
には、総合法律支援法が制定され、さらに、⑧の中で、仲裁関係については、二〇〇五年〔平成一五年〕
には仲裁法が制定され、それぞれ『意見書』の提言が具体化されたのである。

また、訴訟手続のオンライン化〔司法のICT化〔IT化〕に道を開く改正〕に関しても、民事訴訟法
の一部を改正する法律が、二〇〇四年〔平成一六年〕に国会を通過した。

②以下の中で、検討会の議を経て立法化されたものは、仲裁法を皮切りに、知的財産訴訟関係の立法、
労働紛争解決手続関係の立法（労働審判法、労働組合法の一部改正に関する法律等）、行政訴訟関係の立法、
ADR関係の立法（裁判外紛争解決手続促進法）、総合法律支援関係の立法（総合法律支援法。日本司法支援
センター〔法テラス〕の設置）等、数多くの立法等が、今日に至るまで実現されてきた。これに対して、
司法アクセス検討会で議論された、弁護士報酬の敗訴者負担については、法案が国会に提出されたもの
の、結局、弁護士会の強い反対等もあり廃案となった。

立法化されたものについても、個別事件・案件の具体的な現場における利用者のニーズにかなった活

用可能性と実効的な手続の具体化や適切な運用は、現在でも継続的な課題として存在する。

さらに、ここで述べてきた「制度的基盤の整備」に加えて、『意見書』は、二一世紀の司法について

の総合的かつ包括的な改革の処方箋を呈示していた。それは、「人的基盤の拡充」と「国民の司法参加」

であった。

まず、「人的基盤の拡充」には、たとえば、法科大学院を中核とした新たな法曹養成制度の創設、弁

護士制度、検察官制度および裁判官制度の改革等を盛り込んだ、「司法制度を支える法曹の在り方」に

関する諸提言を含んでおり、次に、「国民の司法参加」には、たとえば、裁判員制度の創設や法教育の

充実化等に代表されるように、司法の「国民的基盤の確立」を目指す具体的な提言が含まれていた。

これらのいくつかが実現されたことは、周知の通りであるが、章を改めて、民事訴訟救済過程を中核

とする民事紛争解決システムの近未来を、簡潔に展望しておきたい。

【歴史の寄り道⑬】三島由紀夫と家事調停

戦後の高度経済成長の時期、三島由紀夫は、戯曲『弱法師（よろぼし）』（一九六〇年。『近代能楽集』所収）で、家事調停

の世界を描いた。これは、大阪の四天王寺が舞台の能である『弱法師』を、家庭裁判所に置き換えて翻案したも

のである。

これは、家庭裁判所における家事調停の場で、生みの親である高安夫妻が、育ての親である川島夫妻との間で、

子の親権をめぐって話合いを行う物語である。途中から、五歳で戦災孤児となった盲目の俊徳（としのり）を交えてやりとり

が行われる。時期は、一九六〇年（昭和三五年）頃。和服の調停委員、櫻間級子（さくらましなこ）が、一人で同席調停（対席調停）

を主宰している（このような同席調停の考え方は、日本調停協会連合会編『調停読本』（一九五四年）でも、原則

的な調停の手続として記されていた）。当時の家庭裁判所には、畳敷きの調停室（和室の調停室）も存在したが、

この調停は、机と椅子が置かれた通常の調停室で行われているようである。

三島は、この戯曲で、子は名のみで記し、申立人と相手方は姓のみで記している。「晩夏の午後より日没にいたる」と記されていることから、かなり長い時間にわたって、調停活動が行われていることが窺える。一期日で、一定の帰結を得るという物語の構成がとられている。戯曲ということから、両夫妻とも、聽することなくよく発言する。手続的には、途中から子の俊徳が入室し、最後は、両夫妻が退席し、級子と俊徳のみが、西日の差す夕暮れ時まで、調停室において会話を交わす。なお、級子は、俊徳に頼まれて、店屋物まで注文している。当時はこのようなこともあったのかもしれない。

戯曲の一部を抜粋すれば、次のとおりである。

調停委員　櫻間級子　（四〇歳をこえた美貌の和服の女）

「ひどく蒸しますのね。こんな風で、扇風機もございませんし……（一同沈黙。級子仕方なしに笑って）何しろ御承知のとほり、家庭裁判所といふところは、豫算も雀の涙ほどですし、私ども調停委員と申しましても、名は立派なやうでございますけれど。……（一同沈黙。ややあつて）どうぞ。お話しになつて。喧嘩の場所ぢやございませんのですから、ここは。」

　…中略…

級子

「お静かに。感情的におなりになつてはいけませんわ。ここはともあれ平和の場所、どんな争ひも程のいい微笑に変る場所なのですもの。私は見えない秤を手に持つて、双方へ等分に、相應の満足と、それから相應の不本意をさしあげるのです。私の目には怒つてゐる焔も、瑪瑙の彫刻にしか見えませんし、たぎつてゐる瀬の水も、水晶の浮彫にしか見えません。もつれにもつれた毛絲も、からみ合つた蔦かづらも、何かしら私には、そこにへんな悪い魂があつて、むりに複雑さに化けて見せてゐるのだとしか思へません。複雑な事情などとい

ふものは、みんなただのお化けなのですわ。本当は世界は単純でいつもしんとしてゐる場所なのですわ。少くとも私はさう信じてをります。ですから私には、闘牛場の血みどろの戦ひのさなかに、飛び下りて来て平気で砂の上を、無器用な足取りで歩いてゆく白い鳩のやうな勇気がございます。私の白い翼が血に汚れたとて、それが何でせう。血も幻、戦ひも幻なのですもの。私は海ぞひのお寺の美しい屋根の上を歩く鳩のやうに、争ひ事に波立つてゐるお心の上を平気で歩いて差上げますわ……。よごさいますね。今はもう当の御本人にお会ひになる時期だと思ひます。ここへ俊徳さんをお連れいたしませう。」

この戯曲のタイトルとなっている「弱法師」とは、四天王寺で生活をしていた障がいをもつ人たちのことを指す（戯曲中の「海ぞひのお寺」の比喩は、四天王寺のことだと考えられる。）。太子信仰（聖徳太子を極楽浄土に往生した第一人者として信仰すること。平安末期の民衆の浄土信仰のメッカであった四天王寺は、仏教的世界観における「救済」の場であった（四天王寺は、太子建立の七大寺のひとつ。現在は、「和宗」の総本山である。）。そこは、西方浄土の景観を想い描きながら日没を観るという「日想観」を修めることができる絶好の場所と考えられた。四天王寺は、上町台地の上に建立された寺だからである。ちなみに、大阪（かつては、「大坂」）とは、四天王寺の西大門から難波津へ下る坂の名称が大都市の名になったものである。四天王寺には、放生の池があり、亀の池と呼ばれる。放生は、救いの儀式であった（→「歴史の寄り道②」）。同寺の土産品には「亀の文

亀の土産品は、アメリカ合衆国連邦最高裁判所の地下にある土産物店でも、目隠しをし天秤と剣を持った正義の女神像と共に、大小様々のものが販売されていた。立法や行政とは異なり、後からゆっくり着実に正義を実現していく司法の象徴が「亀」というのも興味深い（『イソップ寓話』の「兎と亀」によれば、最後は亀が勝つのである。それは、日本国憲法の下で有することが明文化された違憲法令審査権〔憲法八一条〕のメタファーかもしれない。たとえば、迅速な現実的対応の必要から立法府で作られた法律でさえも、司法府で事後的に合憲性が審査され、違憲無効とされることもあり得るからである。）。

鎮」がある。

洋の東西を問わず亀が救いに関わるのは興味深い（ただし、たとえばドイツには亀がいないので、子どもたちにイソップ童話が語られるときには、「兎と針鼠」に翻案されているという）。

閑話休題。

能の『弱法師』は、救いのある話であり、その西日は文字通り西方浄土から差す光であった。これに対して、三島の『弱法師』では、戦災孤児で盲目の俊徳が、この調停を通じて、戦争のトラウマから救いを得ることができたどうかは分からない。むしろ、強い西日が、幼いときに失明をもたらした東京大空襲の煉獄を想起させたのかもしれないからである。

それはともかく、三島の『弱法師』は、調停委員の基本スタンスや手続形式、さらには手続進行など、当時の家事調停の一つひとつの場面を描き出している。民間人である一名の調停委員によって行われていることは、当時の調停委員の実情の一端を示す。現在では考えられないが、当時は多忙な調停委員が欠席するといったこともあり、このようなかたちの調停も行われていた。おおらかな時代といえる。

「見えない秤を手に持って、双方へ等分に、相應の満足と、それから相應の不本意をさしあげる」といった調停委員の発言には、裁判の女神像さえ彷彿させる。なお、私自身は、調停も含めた日本的な正義像としては、多様な救済の手段をもった「千手観音像」の方が適切であると考えている。

いずれにせよ、この戯曲では、調停委員がやや裁判官的ではあるものの、調停室において、当事者がともに主体的に話を交わすことができる場が形成されていた。ただし、そこでは、調停委員の力量に大きく依存したかなり裁量的な説論行為を中心とする合意調達プロセスとして、調停（家事調停）の手続が想定されていたように思われる。これが三島の調停観かもしれない。この三島の戯曲は、かつて調停が「調停裁判」などと呼ばれたことをも想起させる。

ちなみに、三島は、『金閣寺』（一九五六年）の最後の場面で、金閣放火の夜、主人公の溝口に、能の『弱法師』の場面を想起させている。

「金閣はなほ輝いてゐた。あの『弱法師』の、俊徳丸が見た日想観の景色のやうに。」

212

俊徳丸は入日の影も舞ふ難波の海を、盲目の闇のなかに見たのであつた。曇りもなく、淡路絵島、須磨明石、紀の海までも、夕日に照り映えてゐるのを見た。」

ちなみに、金閣寺事件をめぐる文学作品としては、三島のもののほかに、若狭の人、水上勉の『金閣炎上』(一九八六年) も挙げたい。『五番町夕霧楼』(一九六三年) も同様である。同じ事件が、このように全く異なる見方で描かれること自体、人と事件や人間の感性の多様性を深く考えさせられる。それは、紛争当事者や事件の多様性にも、また、調停委員会構成員の多様性にも顕れる。

調停制度は、二〇二二年〔令和四年〕で百周年を迎える。私は、民事調停・家事調停自体、日本社会の中にしっかり根付き、訴訟と共にいわばADRの旗頭あるいはADRの旗手として、日本近代史における民事紛争解決手続に優れた役割を果たし、日本司法の信頼に大きく寄与していると考える。そこに、現実に市民参加のシステムが息づいていることは画期的なことであり、今後ますます発展させ、その英知が裁判所外のADRの頻用にもつながっていくことを願いたい。

【参考文献】〔以下は、本章および終章の参考文献である。〕

・市井三郎『歴史の進歩とはなにか』(岩波書店、一九七一年)

・川嶋四郎「民事訴訟法改正の基本的課題に関する一考察」熊本法学 (熊本大学) 七三号一頁 (一九九二年)

・川嶋四郎「民事司法制度改革の行方：近時における民事司法改革の軌跡とその課題を中心として」法政研究 (九州大学) 七一巻三号三八九頁 (二〇〇五年)

・川嶋四郎『民事訴訟過程の創造的展開』(弘文堂、二〇〇五年)

・川嶋四郎『差止救済過程の近未来展望』(日本評論社、二〇〇六年)

・川嶋四郎『民事救済過程の展望的指針』(弘文堂、二〇〇六年)

・川嶋四郎『アメリカ・ロースクール教育論考』(弘文堂、二〇〇九年)

・川嶋四郎「e-サポート裁判所」システムの創造的構築のための基礎理論：「IT活用」による『正義へのユビキタス・アクセス』構想」法学セミナー六五三号三八頁 (二〇〇九年)

・川嶋四郎「「ADRと救済」に関する基礎的考察」仲裁とADR五号（商事法務、二〇一〇年）

・川嶋四郎『民事訴訟法』（日本評論社、二〇一三年）

・川嶋四郎『公共訴訟の救済法理』（有斐閣、二〇一六年）

・川嶋四郎『民事訴訟法概説〔第3版〕』（弘文堂、二〇一九年）

・川嶋四郎『民事訴訟の簡易救済法理』（弘文堂、二〇二〇年）

・川嶋四郎編『判例民事訴訟法入門』（日本評論社、二〇二一年）

・川嶋四郎＝笠原毅彦＝上田竹志『民事裁判ICT化論の歴史的展開』（日本評論社、二〇二二年）

・木佐茂男＝宮澤節生＝佐藤鉄男＝川嶋四郎＝水谷規男＝上石圭一『テキストブック現代司法〔第五版〕』（日本評論社、二〇〇九年）

・木谷真紀子「三島由紀夫『弱法師』論・背景としての昭和三十五年」同志社国文学八一号（二〇一四年）

・斎藤義房＝川嶋四郎「対論：弁護士報酬の敗訴者負担制度の真意はなにか」カウサ（Causa）一〇号八一頁（二〇一三年）

・佐藤鉄男「等身大の裁判（1）〜（16・完）」法学セミナー五四九〜五六四号（二〇〇〇年〜二〇〇一年）

・長谷川櫂『和の思想』（中央公論新社、二〇〇九年）

・福島重雄＝水島朝穂＝大出良知『長沼事件平賀書簡：三五年目の証言・自衛隊違憲判決と司法の危機』（日本評論社、二〇〇九年）

・宮本康昭＝大出良知『再任拒否と司法改革：司法の危機から半世紀、いま司法は』（日本評論社、二〇二一年）

・アルフレッド・オプラー（内藤頼博監訳、納谷廣美＝高地茂世訳）『日本占領と法制改革：GHQ担当者の回顧』（日本評論社、一九九〇年〔原著、一九七六年〕）等

■第13章　扉写真

ドイツの古い大学街テュービンゲンの「正義の女神」。正義の女神ユスティティアは、通常、天秤と剣を持ち目隠しをしているが、この絵画は、そうではない。真実をしっかり見つめて判断を下す姿勢の表われか。（筆者撮影）

民事裁判の近未来展望

「私は、国家の機関のすべての動きが共通の幸福以外には決して向かわないようにするために、主権者と人民とがただ一つの同じ利害しかもつことができないような国に生まれるのを望んだでしょう。ですが、そのようなことは、人民と主権者とが同じ人間でなければ行われえないのですから、結果として私は、賢明にも穏健で民主的な政府のもとに生まれることを望んだろうということになります。」

『人間不平等起源論』(中央公論新社、二〇〇五年)より

J・J・ルソー

「大方の革命家は潜在的な保守主義者である。というのは、社会の『形体』を変革することによってすべてのことは正される、と思っているからである。つまり、一度変革が達成されたなら、よくあるように、別の変革の必要性を見出さないからである。」

ジョージ・オーウェル

佐藤義夫『オーウェル研究』(彩流社、二〇〇三年)より

1　民事訴訟で扱うこと

　民事訴訟は、民事事件をその対象として取り扱うが、それは、自然人が当事者となる事件であっても、法人等が当事者となる事件であっても、その手続は人間によって構成され、その根底には、その当事者等の「かけがえのない人生」が存在する。

　民事司法改革に対する国民の関心については、概して低調であったようである。たとえば、法曹養成制度改革や刑事司法改革等と比較して、その議論は盛り上がりに欠けていたようにも思われる。民事司法の充実が、私たちの日常生活に直結した課題であるにもかかわらず、である。

　研究者サイドも、いわばそれまでの自己の研究成果の実践課題への応答の場ともいえる局面であったにもかかわらず、必ずしも広範な議論がなされたわけではなかった。その理由としては、たとえば、自己の問題関心から外れるものと考えたからか、自己の将来を考えてか、あるいは、特に問題意識をもたなかったからか、自発的かつ積極的に議論に参加する研究者は必ずしも多くはなかった。そのような民事訴訟法学・民事手続法学の「風土」を創り出す見えない重苦しい要素が、その背景に存在したのかもしれない。

　確かに、民事司法改革は、「人的基盤の拡充」の中核をなす法科大学院制度や、「国民の司法参加」の一翼を担う裁判員裁判制度のような話題性に欠け、一般に、いわゆる「マスコミ受け」をするような新奇な論点ではなかったように思われる。しかし、民事紛争の公正な処理を制度的使命とする民事訴訟は、日常世界の「法のセイフティ・ネット」、すなわち、私たちの日常生活または企業活動の安心・安全を

確保するための公共サービス、そして、頼りがいのある最後の法的な拠り所として、人々や企業・団体等の日常生活や日常活動に深く根ざすべきものであったはずである。その民事訴訟の改革に対する関心の低さは、現在の日本におけるその制度の疎遠さの一面を、象徴的に示しているように思われてならない。

それでも、『意見書』は、民事司法の価値について、崇高な理想を語っていた。

すなわち、「ただ一人の声であっても、真摯に語られる正義の言葉には、真剣に耳が傾けられなければならず、そのことは、我々国民一人ひとりにとって、かけがえのない人生を懸命に生きる一個の人間としての尊厳と誇りに関わる問題であるという、憲法の最も基礎的原理である個人の尊重原理に直接つらなるものである」、と。

この一節は、戦後の民事訴訟改革の方向性および達成度と突き合わせた場合に、より一層、具体性と課題性を帯びてくると考えられる。つまり、先に少し触れたように、戦後制定された日本国憲法の価値を具体化するかたちで民事訴訟関係法規が制定されているか、職権主義を退潮化させ当事者主義を伸張するように民事訴訟手続が構築されているか、直接審理主義が徹底されているか、訴訟の迅速化・手続の簡易化が実現できているか、民事訴訟審理を主体的に担えているか、訴訟関係人の権利の伸長が図られているかなどが、民事訴訟改革の達成度等のように、市民が民事訴訟審理に素人性を加味できているか（たとえば、陪審制や参審制等のように、市民が民事訴訟審理に素人性を加味できているか、不要不当の上訴を防止し第一審での集中審理が実現できているか、そして、訴訟関係人の権利の伸長が図られているかなどが、民事訴訟改革の達成度を計る指標として浮上してくるのである。

これは、総じて、「利用者が自分でできる納得裁判」といった究極の課題が、民事訴訟の領域で実現できるように、民事訴訟システム全体が構築されているかどうかの基本的視点を呈示するものであると

も考えられる。それが実現できれば、「かけがえのない人生」だから是が非でも民事訴訟は避けたいというのではなく、「かけがえのない人生」をより豊かなものにするために、民事訴訟を利用するという選択肢も開けてくるからである。ただ、いうまでもなく、「利用者が自分でできる納得裁判」には、利用者が主体的に決定することを可能にする背景理念が存在するが、その基盤として、弁護士を中核とした法の専門家のサポートが重要な要素となる。

そこで、このような基本的な問題意識を踏まえて、二一世紀における司法改革の黎明期ともいうべき現時点で、さしあたり、民事訴訟制度改革の近未来的課題に限定して概観していきたい。そして、これからの継続的な改革のための展望にもつなげていきたい。

2 「自分でできる納得民事裁判」の基本要素

まず、今後の課題として、「自分でできる納得裁判」を可能とする基本的な前提条件を探ってみよう。

一 利用者にとって簡明な紛争処理過程の構築

民事訴訟だけでなく、すべての紛争処理過程は、当事者にとって簡明かつ透明（可視的）なものでなければならないであろう（それは、現行の民事訴訟規範は、当事者にとって簡明かつ透明（可視的）なものでなければならないであろう（それは、現行の民事訴訟規範が、基本的に要請するところである。民事訴訟規則五条を参照）。当事者が、自己の問題として手続を行うことができるためには、手続ルールおよび手続過程が、利用しやすく分かりやすくかつ見通しのきくものであることが要請されるからである。その意味で、現在の民事訴訟法も、また、『意見書』を受けた諸改革（例、計画審理、専門訴訟対策等）は、手続の簡易

218

化ではなく、手続の専門化を加速するようにも思われる。当事者が、それに基づいて自己決定できるよ
うに専門家による分かりやすい説明や情報提供が、手続過程で要求されるゆえんである。
　それは、弁護士等の役割にも関係する問題であるが、より基礎的には、民事訴訟審理に素人性・庶民
性を加味できているかどうかが問われることになり、専門化した訴訟過程における裁判官・裁判所職員
や弁護士等の役割の具体的なあり方にも関わる。

二　利用者が納得でき理解できる手続ルール

　民事訴訟における手続ルールは、自ら公正なルールに遵い正義の言葉を語ろうと努める当事者にと
って、容易に理解でき納得できる内容をもっていなければならない。「納得」とは、裁判結果に対する
それだけではなく、裁判過程（「プロセス」）に対するそれが、制度の信頼の基礎になっていることにも
注意しなければならない。むしろ、手続ルール自体への納得と納得のいく手続ルールの実践とを通じて、
その結果の内容いかんにかかわらず、自ずから判断結果に対する納得や受け容れ可能な諦め、そして事
後の新たな展望の可能性が生み出されることになるであろう。
　その意味で、たとえば、公開主義（憲法八二条）、対席審理主義（同三二条・三一条）、口頭主義（民事訴
訟法八七条）、直接主義（同二四九条等）等といった歴史的に形成されてきた口頭弁論による審理を支える
基本原則は、プライバシーの保護など他の憲法的な価値をも視野に入れつつ、できるだけ貫徹されねば
ならないであろう。このようなプロセスを経て、財産権（憲法二九条）等の「憲法価値」が保障される
ことになるのである。

三　紛争解決手続間の連携や手続の個性化の実現

当事者の満足は、多様な手続メニューに関する情報を入手でき、それに基づいて手続を自己決定でき、そして当事者自らの手による利用可能性が開かれることによっても、その度合いが高められる。その意味で、個別具体的な事件の性質や状況に応じて、当事者が、手続を選択した最適な紛争処理システムといういわばオーダー・メイドの手続を通じて法的救済を得られるような制度が構築されるべきであろう。

この場合には、ADRの整備・拡充をも視野に入れ、裁判内外の手続間における横断的な相互連携が実現できるような工夫も、今後の課題となる。ただ、手続の多様化が選択の困難さを生み出すといった懸念も生じかねないので、当事者への情報提供とその望ましい自己選択の可能性の保障にも配慮が向けられるべきであろう。

なお、刑事事件と民事事件の両手続を連携させ、文字通り、事件の一回的・連続的な解決を実現するための手続として、犯罪被害者等の損害賠償請求に係る裁判制度（いわゆる損害賠償命令制度。犯罪被害者等の保護を図るための刑事手続に付随する措置に関する法律）が注目に値する。ただし、被害者の最終的な現実の金銭的満足を見届ける必要もあるであろう。犯罪被害者の刑事補償はまた別の問題である。

四　「公共性の空間」を利用し支える者 ── 制度利用者と制度設営者の責務と躍動

一期一会的な時間と空間をどのように意義あるものとし実り多いものにするかは、民事訴訟過程を構築する上で重要な課題である。

裁判所制度は、人々や企業の税金で設営されている「公共財」であり、『司法制度改革審議会意見書』の表現を借りれば、「公共性の空間」である。それゆえに、制度利用者と制度設営者は、自律と他者配

220

慮を心がけ、誠実な手続利用に努めなければならないであろう（民事訴訟法二条参照）。そのような制度設計で、制度設営者も、本来の可能性を躍動させることができてこそ、個別事件の具体的な文脈でよりよき救済を共にかたちづくることができるであろう。

中世から近世の日本では、先に述べたように（→第5章**3**）、「訴訟」が「公事」と呼ばれ、民事訴訟でさえその公共性の認識が浸透していた。近代における西欧法の移植に際して、私的自治、自己責任、個人主義ひいては権利保護の思想が強調された結果、削ぎ落とされたかに見える「公共性」の見直しを行い、公開法廷における当事者間の対論を通じた「公共財（判決、和解等）」の創出の場が作られることが望まれる。

3　民事訴訟における救済過程の課題

次に、より具体的に、民事訴訟過程の課題について概観してみたい。

一　民事訴訟関係情報を含む法情報・法手続情報へのアクセス・ポイントの整備

現代の高度の情報通信技術（ICT: Information and Communication Technology）の発達は、正義への「ユビキタス・アクセス（普遍的なアクセス）」の可能性を展開させ、現に着々とその具体化が進行している。それは、「司法ネット」（司法の世界におけるネットワーク構築）の具体化である「日本司法支援センター（愛称、「法テラス」）」の創設と平仄を合わせたかたちで展開して行くとともに、さらに、独自の進展も期待できる。

このような「司法・正義へのユビキタス・アクセス（Ubiquitous Access to Justice）」（誰でもいつでもどこからでも司法制度にアクセスできるとする考え方）の実現を通じて、紛争当事者は、社会的紛争が生じるとすぐに、多様な方法を用いて比較的ストレスを感じることなく法情報にアクセスし、その時々に必要かつ適切な情報やサポートを得ることができるようになるであろう。司法アクセスのより一層の向上である。

その法情報の中には、民事訴訟手続に関する情報も当然含まれ、さらに、その他の紛争処理システム、弁護士、費用等の様々な情報が含まれる。これを通じて、紛争当事者は、紛争の早期の段階で自らその処理方法を見つけ、選択できるようになるであろう。それは、一方では、予防法学的な観点からも望ましいのであり、他方で、事後的な紛争解決の観点からも、潜在的な事件の掘り起こしにも寄与することになる。この意味で、民事紛争について、「泣寝入り」をせざるを得ないといった状況も少なくない日本的な風土の中で、アクセスの普遍化は重要な課題となるであろう。

なお、司法アクセスの課題のひとつとして、現在この国に存在する隣接法律職の多様化に伴う問題の解消も望まれる。国民の視点からは、多様な有資格者の職域を理解した上でその支援を求めるのは困難だからである。ワン・ストップ・サービス（One-Stop Service）だけではなく、各種法専門家および各種手続間の連携的統合システム（インテグレーション・システム〔Integration System〕の構築）や、状況に応じ各省庁の利権を度外視した法律関係の各種資格の整序等も視野に入れて、今後議論が展開されることが望まれる。

二　訴え提起前後における当事者による情報・証拠収集手続の拡充

紛争処理にとって、そのための情報・証拠の収集は、首尾良い成果を挙げるために不可欠の前提とな

る。紛争や手続の初期段階における情報・証拠の開示は重要な課題であり、二〇〇三年（平成一五年）の民事訴訟法改正で導入された「訴えの提起前における証拠収集処分等（民事訴訟法一三二条の二以下）」は、情報・証拠の開示の意義と価値から考えると一歩前進と評価できるが、まだまだ不十分である。

より本格的な開示制度については、いわば、一九四八年（昭和二三年）の民事訴訟法改正で、アメリカ法の影響の下に交互尋問制度が導入されたものの、その基礎として不可欠な当事者による広範な証拠収集手続（ディスカバリー制度）が同時に導入されなかったといった法の欠缺状態を埋める重要な作業ともなるであろう。その意味では、判例の変更をも視野に入れ、文書提出義務の一般義務化（民事訴訟法二二〇条）等の徹底も、より実践的に図られてよい。

このような紛争関係情報の豊穣化によって、当事者は、紛争処理の初期の段階で、自己の紛争の概要や行く末を見極め、自己の紛争をどのような手続によって処理すべきかについての選択的な判断も可能となる。また、自分自身の得心によって紛争の顕在化が予め防止されたり、提訴以前に相手方との間で和解が成立する可能性も高くなり、その結果、そもそも裁判所における訴訟手続を経ることなく予防的かつ自主的に紛争が解決されたりする可能性も増大するであろう。

なお、この手続の実効性を担保するためには、各種専門家によるサポートや、裁判所による情報・証拠収集のガイドラインについて整備がなされる必要がある。

三　早期提訴の可能化と訴えの利益・当事者適格の拡大

民事紛争が発生した場合に、それが深刻化する前に、比較的早く公正な場で紛争処理を行うことができるように、簡易・迅速な方法による「早期の提訴」を可能とすべきであろう。ユビキタス・アクセス

の視点からは、インターネットを通じた提訴や各種の文書のやりとり（e-filing）を広く可能にすべきであろう。これは、訴訟上の手段の利用可能性を比較的早い紛争段階から開くことを可能にするだけではなく、紛争が熾烈化する前に紛争を終息させるためにも不可欠な手続となる（この点については、「民事裁判のICT化」として後述したい。↓十一）。

さらに、訴訟手続の追行に伴う様々なコストを極小化する機能を有する特殊な訴えの類型が、訴訟過程を通じた法的情報提供機能を発揮する蓋然性が高ければ、確認の利益を広く肯定することを通じて手続活用への期待も高まる。

これは、訴えの利益の拡大あるいは柔軟化の問題である。特に、確認訴訟類型は、観念的かつ規範的な既判力だけで当事者間の紛争を解決する機能を有する特殊な訴えの類型であり、訴訟過程を通じた法的情報提供機能を発揮する蓋然性が高ければ、確認の利益を広く肯定することを通じて手続活用への期待も高まる。

また、提訴の局面では、訴訟という紛争処理フォーラムへのアクセスを増進させるためには、当事者適格の拡大も不可欠であろう。その意味で、団体訴訟（Verbandsklage）制度（ドイツ等で一定の成果を上げている制度であり、一定の団体〔消費者団体、環境団体等〕にその保護目的に即した訴訟〔差止訴訟等〕の提訴権を与え、その訴訟追行を認める制度）に類するものは、現在のところ消費者関係事件についてのみ創設されたが〔消費者契約法一二条以下等〔差止請求〕、消費者裁判手続特例法〔損害賠償請求〕参照〕、その一般的な導入や、今次の司法制度改革でもほとんど論じられることがなく、その後もほとんど論じられていないクラス・アクション（Class Action）制度（アメリカ法上飛躍的な展開を遂げている集団訴訟形態であり、一人または数名のクラスに属する人々〔例、同種の商品による被害者、被差別グループに属する被害者等〕が全員のために原告として訴えを提起しまた被告として訴えられることを可能とする制度）の導入範囲のクラスに属する人々〔例、同種の商品による被害者、被差別グループに属する被害者等〕が全員のために原告として訴えを提起しまた被告として訴えられることを可能とする制度）を代表して、一人に向けた検討なども行われるべきである。

団体訴訟等のような特定の団体による紛争解決行動と並ん

で、「私人による法の実現」の促進が、より広く「法の支配」を担保しかつ法的救済を拡大することになると考えられるからである。

四　当事者の手による主体的な争点・証拠の整理

当事者の納得裁判の実現は、当事者による主体的かつ集約的な「争点・証拠の整理手続」を行うことができる手続が、準備されなければならない。これは、弁護士・裁判官のサポートを通じた公正な手続を通じて、当事者がこれまで自分たちだけでは適切に主題化できなかった紛争の核心を明らかにする作業である。二〇〇六年四月〔平成一八年〕から施行されている労働審判法に基づく労働審判事件が、主張・証拠の早期集中的提出の実現により三期日で処理されていることを参考に、現在でも五月雨型審理に流れがちな弁論準備手続（民事訴訟法一六八条以下）を短期間に終結させ、早期の争点・証拠の整理手続を実現しようとする試みが行われている。その前提として、当事者本人の積極的な手続参加と訴訟代理人弁護士の意識改革、情報・証拠の開示手続の拡充、および、期日における充実した弁論等が保障される必要があるであろう。

現行民事訴訟法下の審理について、証拠調べの局面では、その集中化が比較的よく実現できているのに対して、争点・証拠の整理の局面では、まだまだ五月雨式の手続が行われている現実を、原則として改めなければならないのである。ただし、いわゆる「マニュアル世代」と呼ばれる比較的若い世代の裁判官にとっては、民事訴訟法規自体、一種のマニュアルでもあるが、当事者の意向を十分に汲み上げない審理計画（民事訴訟法一四七条の二、一四七条の三等）の押付けは、回避されるべきであろう。審理計画

は一応事件類型ごとにある程度は定型化できるようにも思えるが、個別事件の個性や特性等により可変的であるべきである。計画審理のためにも情報・証拠の開示手続は不可欠であり、情報や証拠の開示なき審理計画は、手続的にも実体的にも妥当性を欠くからである。計画審理は、本来的に、手続の可視化・透明化を通じて当事者による手続の個性化を図り、それによって迅速で充実した審理を実現するための場として活用されるべきであろう。また、専門委員制度（同九二条の二以下）への安易な依拠も慎むべきである。もし、この制度を利用した場合でも、裁判官と専門委員とのコミュニケーションの記録化や当事者への可視化が考慮されなければならない。

なお、直接審理主義を徹底化するためには、「陳述書」（人証調べの結果を先取りして陳述内容を書面化した書証）の常態化を是正し、できるかぎり口頭主義を復活させ、また、紛争現場における検証や訴訟上の和解の可能性も探究されるべきであろう。

五　原則一期日審理による集中証拠調べ

ともかく、このような当事者主導の争点・証拠の整理が実現できれば、「原則一期日審理による集中証拠調べ」も可能となる。この口頭弁論期日では、当事者が自己の手続的役割を十分に理解し、口頭弁論の諸原則に違った審理のあり方が基本になる。この口頭弁論期日は、一期一会的な中核的対論の場であり、当事者は、公開の口頭弁論期日という社会に開かれた公明正大な場において、公正なルールに遵って、自己の正義の言葉を語ることができるのである。その手続は、「争点弁論」、「人証調べ（証拠弁論）」および「最終弁論」から構成されるべきであろう。

また、証拠調べの迅速化・充実化のためには、当事者をサポートできる多様なメニューを用意しなけ

226

ればならない。集中証拠調べの実現のために、陳述書が多用されたり、採用証人数が極端に減らされたりする事態が生じているとすると、それは本末転倒であり、是正されるべきである。ただし、事件の性格による陳述書の利用は許され、不要な証人調べは阻止されるべきである。なお、このような「原則一期日審理による集中証拠調べ制度」の導入は、後述のような審級制度のあり方にも影響を与えることになる。

将来的には、民事訴訟審理に素人性を加味できるように、たとえば、公共の利益に関わる事件あたりから民事裁判員制度または「民事陪審制度」を導入することなども、今後は議論されるべきであろう。「口頭弁論の活性化」は、当事者の納得の基礎であり、当事者の満足は、訴訟当事者本人の主体的なかかわりによって達成できるだけではなく、一般市民にも分かりやすいかたちで公明正大な審理が行われ、自分たちと同じ市民による市民感覚を反映した判断が行われることを通じても、達成されると考えられるからである。

その実現のためには、法廷における「言葉」の問題をも克服し、より分かりやすい言葉が通用する世界を築くべきであろう。たとえば、「起訴」といった用語は、民事訴訟法の法文からは消えたが、「出頭」などといった用語は消されそうにない。「出席」などの用語で十分であろう。

六　和解手続の規範化と和解情報の共有化

訴訟上の和解は、当事者にとっても裁判官にとっても利点があるが、その手続は、必ずしも規範化されてはおらず、裁判官の個人芸的・職人芸的な様相さえ呈している。判決を書く裁判官が非公開の場で交互面接方式によって行う和解は、公正な手続とは評価できない場合もあり、合意がそれ以前の手続的

な瑕疵(かし)をすべて帳消しにすることはないであろう。できる限り同席方式で和解を行い、裁判官は公正な
かたちで暫定的な心証を開示し、それに即した和解が行われるべきであろう。

たとえば、森永ヒ素ミルク事件における恒久救済対策（将来的な救済のための財団の設立等）を盛り込ん
だ訴訟上の和解等に象徴的に現われているように、将来的に見て、個別事件において判決以上の意義を
有するときにこそ、訴訟上の和解の効用が発揮されることになるであろう（ただし、森永ヒ素ミルク事件
は、裁判外の和解で終了）。その和解形成過程における手続規範の解明の定式化はこれからの課題となる。

七　簡易な判決

このような集中証拠調べの実現を受けて、判決言渡し、簡易・迅速に行えるように制度設計を行い、
集中証拠調べの期日の終了直後に、口頭による即日判決の言渡しなども考えられてよいであろう。この
簡易・迅速な判決言渡しによって、当事者は迅速な権利実現・救済形成を得られると同時に、自己の語
る正義の言葉が裁判官の判断形成の礎(いしずえ)となったことまたは自己の主張や証拠が不十分であったことを
実感し得るのである。しかも、その判断内容が納得し得るものかどうかについても、新鮮な記憶の下で
不服申立てにおける十分な判断が可能となるであろう。このような判決形成の導入は、後述のような審
級制度のあり方にも影響を与えることになる。これは、現在の調書判決の制度（民事訴訟法二五四条二
項）を超えた、裁判官自身が起案する「簡易判決」の試みである。

228

八　審級制度の改革

このような迅速かつ充実した事実審審理は、究極的には、原則として再度の事実審審理を不要にする可能性を秘めているであろう。一期一会的な原則「一期日審理による集中証拠調べ制度」の確立を通じて、当事者に満足がもたらされる「集中的な事実審システム」が保障されれば、事実審を二度重ねる審級制度（続審制度）も、抜本的に見直される必要が生じるのである。それは、控訴審の事後審化であり、第一審の手続過程充実度に依存する面もあるものの、訴訟当事者の実質的な権限を切り詰めることなく、不要不当の上訴を防止し、ひいては、有限な社会的共通資本としての司法資源の有効活用に、新たな途（みち）を開くことになると考えられる。それには、真に充実した第一審審理が不可欠なことは言うまでもない。

九　裁判機構のシステム改革

かつて、簡易裁判所の統廃合が行われたが、今次の司法制度改革の趣旨に即した法の支配を実現し、司法アクセスを増進するためには、現在以上により多くの場所に簡易裁判所が存在する必要があり、現在、「独立簡裁」（簡易裁判所の機能のみを有する簡裁）と呼ばれる裁判所の機能の向上および新たな簡易裁判所の創設も検討されるべきである。

また、現在の地方裁判所と高等裁判所（その支部）との「同居状態」（さらに、簡易裁判所、地方裁判所および家庭裁判所との同居状態）を改革し分離すべきであろう。そのような同居は、当事者にとっては便利そうな面はあり、効率的な職員の配置をも可能にするが、しかし、別個の審級である以上、基本的には場所を変えて行うのが筋であり、公正さの外観を保つためにもその方が適切である。

土曜日、日曜日および祝祭日の開廷（民事訴訟法九三条二項参照）や、裁判所およびその支部以外での

開廷等（裁判所法六九条二項）、さらには、巡回裁判所制度の創設も、前向きに検討すべきであろう。大規模訴訟等（民事訴訟法二六八条以下を参照）における当事者等の満足にも、考慮が払われるべきである。

なお、裁判官の人事については、憲法保障もあることから、最大の配慮が示されねばならず、新たな人事システムの採用も検討すべきであろう。「法曹一元」制度（基本的に弁護士経験を経て裁判官に任官されるアメリカのような制度）の採用も、考えられる時代になったと思われる。たとえば、法科大学院教育をも受けることなく予備試験を経て司法試験に合格し司法修習を経た二十代中頃の裁判官には、私は裁かれたいとは思わないからである。たとえ合議体の一員であっても判決の起案を担当することからそう思うのである。

十　当事者のためのサポート・システムの充実

まず、弁護士・司法書士等の法律専門職の使命として、紛争の発生から終焉までの間を通じて、当事者の言葉に耳を傾け、迅速・充実審理の実現のために当事者を集約的にサポートし、当事者への法的支援を継続的に行うべきことが考えられる。事件も訴訟も「かけがえのない人生」も、当事者本人のものであるので、基本的に弁護士は、当事者の「支援者」であり、いわば「伴走者」であることが要請されるであろう。

次に、訴訟制度内における当事者サポート・システムの確立も避けて通ることができない。訴訟制度内においても、専門委員、裁判所書記官、裁判所事務官、裁判所調査官等が裁判官と連携することにより、一丸となって両当事者の主体的な紛争処理を適切にサポートする役割を担うべきであろう。また、社会制度上も、国家は、たとえば法律扶助、訴訟救助および権利保護保険等の制度を充実させ拡大させ

230

ることによって、当事者の紛争処理に対する経済的なハードルを可及的に除去することに努めなければならない。

裁判官の負担軽減と法曹の育成のためには、アメリカにおけるようなロー・クラーク制度を導入し、「法曹一元」制度の実現の下、法科大学院修了者（新司法試験合格者）で成績優秀者を「裁判官補助官（仮称）」に任命し、裁判官のサポート・システムを確立すべきであろう。

このような「国民にとって、より利用しやすく、より分かりやすく、より頼りがいのある民事裁判」の実現のためには、制度・システムの質的な向上だけではなく、それを担い動かす良き人材の育成が不可欠となる。法科大学院におけるプロセスを通じた法律実務家の涵養こそが、それを可能にする核心である（その意味で、プロセスを通じた法曹養成制度という『司法制度改革審議会意見書』が意図するまっとうな目的を掘り崩しかねない司法試験予備試験制度は廃止し、学生ローンではない奨学金制度で代替すべきであろう）。

十一　「民事裁判のICT化」と今後の展望

私たちは、二〇〇一年（平成一三年）に『司法制度改革審議会意見書』が公表されて間もなくの頃から、福岡市で研究会を組織して、「民事裁判のICT（Information & Communication Technology）化」の実現のための研究を行ってきた。それは、『意見書』を読めば、その三つの柱（「制度的基盤の整備」・「人的基盤の拡充」・「国民の司法参加」）の基盤に、ICTの活用による司法機能の拡大の曙光を垣間見たことに由来する。

当時、政府が、ICT化等はほとんど眼目に入れることなく、一部の有力な研究者等を巻き込んで制度の側から裁判の迅速化や効率化を促進するための諸方策を議論しているときに、私たちは全く異なる眼差しから研究を行っていた。すなわち、市民・国民の視点からの研究であり、いわば底辺に向かう志

の具体化であった。関門海峡の向こうで私たちは、ＩＣＴがこれまで裁判にアクセスできなかった人たちをも視野に入れ、誰でもいつでもどこからでも訴訟手続、裁判手続ひいては民事紛争解決手続にアクセスできるための「正義・司法へのユビキタス・アクセス権」を実現するための諸方策の検討をボランティアで行っていたのである。

民事裁判を国民・市民に利用しやすく分かりやすく頼りがいのあるものとするために、民事裁判の充実・迅速化を実現するためだけではなく、口頭弁論の活性化等、歴史的に形成されてきた基本手続や基本原則をより実質的なものとし、「人間性の輝き」を可能とする裁判手続の創造的構築であった。「人間性の輝き」とは、「憲法価値」の実現を比喩的に表現したものである。

私たちは、従前からの民事裁判の歴史的展開を踏まえて、「e−サポート裁判所」の基本構想をまとめた。「３つのe−サポート」の提言であり、それは、①「情報交流」のe−サポート（裁判手続のオンライン化）、②「情報管理」のe−サポート（訴訟記録のデジタル化）、および、③「情報伝達・共有」のe−サポート（出廷・傍聴等における法廷等の空間の拡張）からなり、①から③までの統合的・一体的実現を目指す具体的な指針を提供する研究であった（川嶋ほか『民事裁判ICT化論の歴史的展開』参照）。

その後、二〇〇九年度（平成二一年度）には実証実験を行った。そこでは、仮想空間として「e−サポート裁判所（「オンライン訴訟・システム」と「サイバーコート・システム」を有する電子裁判所」）を創設し、遠隔三地点間の公的施設（九州大学法科大学院の法廷教室〔福岡市東区〕、九州大学附属弁護士事務所〔福岡市中央区〕、南風公民館〔福岡県糸島市〕）を結んで、法曹関係者が、民事裁判（二件の民事訴訟事件と一件の労働審判事件）の全手続過程（訴えの提起〔申立て〕から判決〔和解・調停〕まで）について実証実験を行った。

なお、紛争当事者と弁護士との遠隔でのやりとりなど、一部手続の準備段階をも含むものであった。

その後も、政府に目立った動きはなかったが、二〇一七年（平成二九年）六月九日の閣議決定『未来投資戦略2017――Society5.0 の実現に向けた改革』（https://www.kantei.go.jp/jp/singi/keizaisaisei/pdf/miraitousi2017_t.pdf）は、このような状況を一変させた。これを受け、二〇一八年（平成三〇年）三月三〇日、内閣官房の日本経済再生本部に設けられた「裁判手続等のIT化検討会」は、「裁判手続等のIT化に向けた取りまとめ――『3つのe』の実現に向けて」（内閣官房日本経済再生総合事務局。https://www.kantei.go.jp/jp/singi/keizaisaisei/saiban/pdf/report.pdf）を公表した。この『取りまとめ』では、裁判手続等のIT化を検討するに当たり、「利用者のニーズや諸外国の状況等を踏まえ、「3つのe」の実現という観点からの検討が行われた。すなわち、「民事訴訟手続における、①e提出（e-Filing）、②e法廷（e-Court）、③e事件管理（e-Case Management）の実現（「3つのe」）を目指す」という観点から

の検討であった。この「3つのe」の観点から、訴え提起から判決言渡しまでの民事訴訟手続全体を、原告・被告・裁判所それぞれの立場から時系列で見て、「3つのe」の実現として期待する内容や望ましいと考える方向性等が明らかにされた。①「e提出」は、先に挙げた①「情報交流」のeサポート（裁判手続のオンライン化）に対応し、②「e事件管理」は、先に挙げた②「情報管理」のeサポート（訴訟記録のデジタル化）に対応し、さらに、③「e法廷」は、先に挙げた③「情報伝達・共有」のeサポート（出廷・傍聴等における法廷等の空間の拡張）に、見事に対応するものであった。

その後、民事裁判のICT化に関する政府の議論が収斂され、二〇二二年（令和四年）には、「民事訴訟法等の一部改正に関する法律案」（https://www.shugin.go.jp/internet/itdb_gian.nsf/html/gian/honbun/houan/g20809054.htm）が国会に提出された。法案の内容は多岐にわたるが、ICTを民事裁判の領域で普及させ、ユビキタス・アクセスを実現し、「誰一人取り残さない民事訴訟・民事司法」（Inclusive Civil

Procedure/Civil Justice）を具体化するといった方向性ではなく、当事者に訴訟代理人（通常は、弁護士。簡易裁判所では、司法書士等を含む。）がついた事件のみ、訴訟代理人にICT利用を義務化することなどを内容とする。弁護士や司法書士の協力をもとに、いわばとりあえず「民事裁判のICT化についての無難な初期設定」のごとき手続が構築されたのである。また、倒産手続のICT化に際しても、大規模事件が念頭に置かれ、アメリカで実施されているように大多数の事件割合を占める消費者破産・免責事件への配慮は行われていないようである。

なお、世界的な潮流とは異なり、現在でも政府の公式文書では、ICT化ではなくIT化と呼び続けられている点も気になる。「Communication＝意思疎通、通信、信を通わすこと」こそが、紛争解決・救済形成にとっては基礎的な前提事項であると考えるからである。

ともかく、民事裁判制度における日本の歴史的な展開が、国民・市民にとって利便性の高い司法の実現を不断に要請し続ける以上、そこに止まることはできないと考えられる。今後の展開を期待したい。日本の歴史的な展開の上に立ち、二一世紀の民事司法の展開と法科大学院制度の発展が、国民や企業、官公庁等の日常の生活・活動により一層貢献できることを祈念して、本章を閉じたい。

■終章　扉写真

戦後、福岡高等裁判所として用いられた旧福岡県公会堂貴賓館。その後、高裁は、福岡城趾を経て九州大学教養部跡地に、地裁、家裁および簡裁と共に移転した。（筆者撮影）

あとがき

過去を知ることが、未来への新しい展望につながることもある。そのことは、法学にも、民事訴訟法学にも、裁判学にも当てはまる。

私は、小学生の頃、地方公務員であった父から一冊の本をもらった。それは、『近江歴史散歩』（創元社、一九六六年）。父の知人で元新聞記者・小説家の徳永真一郎さんの作品であった。この書物が、私に歴史への扉を開いてくれた。週末になれば、この本を片手に、私は、ある時は一人でまたある時は友人と一緒に、北は安土、南は信楽の多羅尾、東は油日、西は草津守山あたりまで、自転車で巡り訪ねた。今ではそのようなことはあまりないように思うが、当時は、歴史好きの子どもを話好きの和尚さんが本堂に上げてくださり、お茶やお菓子を出し、お寺の歴史や様々な仏像絵画などの説明をしてくださったこともあった。今でも帰郷の途中で昔お世話になったお寺の側を通るたびに、子どもの頃の懐かしい日々を思い出す。その書物は、何度引っ越してもいつも手許に残しておいた。

私は、歴史をいつも現代への思索の糧のひとつと考えてきた。確かに歴史書は勝者が記し残したものも少なくないために、慎重に考慮しなければならないとも考えられる。糧になるのは、歴史自体に価値があると思うからではない。福澤諭吉は、学問における「惑溺」を批判したが、歴史は、現代の民事訴訟や民事裁判、ひいては司法のあり方や学問の指針を考える際にも、ある意味「先例」として示唆的で

235

あると考えられるからである。

先にも触れたように、学問へのアプローチは様々であり、学びの機会も素材も多様である。裁判所やそこで行われる「訴訟」などは、日本ではまだまだ庶民にとっては縁遠い存在であり、時に誤解さえも招きかねない世界でもある。「被告」が「被告人」に間違えられることすら存在する。「裁判沙汰にする」といった言葉は、憲法三二条に「裁判を受ける権利」が保障される時代になっても、残滓以上の負の含意をもって日本語として生き残っている。そこは、公正な正義が行われるべき場である裁判所であり、市民のための公共空間、公共機関、そして社会的共通資本と考えられるフォーラムであるにもかかわらず、そうなのである。

興味深いことに、新選組の土方歳三（一八三五年〔天保六年〕五月五日〜一八六九年〔明治二年〕五月一日）たちが作ったとされる「局中法度」の第四項には、「勝手ニ訴訟取扱不可」とあった。組織の維持発展のために、隊士が訴訟事件の判断者となることを禁止し、違反した者には「切腹」が命じられたのである。すなわち、紛争の解決あるいは勝ち負けの裁定すなわち「私的な裁判」が、時として当事者の恨みを買い、組織やコミュニティの和を乱し、ひいては組織を弱体化させることになりかねないと、彼は考えていたように思われる。

また、本文でも述べたように、宮澤賢治は、著名な「雨ニモ負ケズ」で始まる詩の中で、「北ニケンクヮヤ ソショウガ アレバ ツマラナイカラ ヤメロ」と記した。しかしそれでも、現代の日本において日々「訴訟事件」が生起し、それに関わる人々は、「法的救済」を求めている。ツマラナイと言われるものを、是が非でも市民にとって有意義なものに転換しなければならないのである。

ともかく、カール・ポパーのいう「歴史主義の貧困」に陥ることなく、日本史のエピソードから、こ

れからの法や裁判のあり方を考え、よりよい紛争解決のプロセスを構築するための糧を得ることには意義があると考えるのである。

私は、これまで「民事訴訟法」等の授業を中心としたいくつかの授業で、できるだけ歴史や文学に見られる逸事などを活用して、難しい制度や概念を理解してもらうための一助としてきた。本書では、日本史の中での様々なエピソードを垣間見ながら、時に欧米の話題をも取り上げて、人と裁判について話してきた。その時代時代で、司法制度、裁判制度が、どのように受け止められ、評価されてきたかについて考え、現代司法のあり方への示唆を獲得したかったからである。たとえば、私が結婚披露宴などに招待され昔の教え子たちに出会った時に、民事訴訟法の講義は難しかったが、そこで紹介してもらったあの本（小説）は面白かったとか、あの雑談は覚えているとか、よく言われたものである。私は、それはそれでいいのではないかと思っている。学びの機会をどのように使うかは学生の自由であり、いつかどこかで誰かの役に立つ何かを、当事者の目線から少しでも教えることができればそれでいいのではないかと考えている。専門法曹を養成するアメリカのロースクールでさえ「法と文学」の授業が行われているように感動したからである。また、アメリカの法律雑誌に掲載される専門分野の論文でも、歴史や文学への造詣の一端を窺わせる機知に富んだフレーズに出会うことも少なくないからである。

なお、二〇〇四年（平成一六年）からは、九州大学法科大学院で「法と文学」の授業を続けている。

八年（平成二〇年）に同志社大学に移ってからも、「法と文学」の授業を始め、二〇〇本書のもととなった原稿の一部は、今から二〇年程前の『司法制度改革審議会意見書』の公表を契機として執筆したものである。その公表後に、市民の目線で司法改革をサポートする目的のために、日本評論社から雑誌『カウサ（Causa）』が公刊されたが、私は、その編集に携わる機会を得て、本書の基礎

となる小稿の一部を連載させていただいた。機会があれば、少なくとも江藤新平、福澤諭吉、田中正造、そして宮澤賢治たちのことを、日本の裁判との関係で書き残したいと思っていたことによる。本書は、それらの原稿を起点にしながら全面的に改稿し、新たな論述を加えてまとめたものである。そのような機会を与えていただいたことに、心から感謝を申し上げたい。とりわけ、その編集の際に大変お世話になった編集長・串崎浩氏（現、日本評論社社長）に、心から御礼を申し上げたい。

本書も、これまでの著作同様、妻、子どもたち、父母・義母、弟、亡き祖父母兄姉義父たち、盲導犬の母犬たち、そして、数多くの学生たち、さらには、様々なかたちで私の教育・研究生活を支えてくださっている多くの方々のお陰による。心から感謝したい。時は流れ月日は経過した。福岡でも京都でも家族で盲導犬の繁殖犬ボランティアをしていたが、私がどんなに夜遅く帰宅しても、彼女たちは走って玄関まで迎えに来てくれた。睡眠中でも授乳の最中でもそうだった。黒い母犬から一匹だけ白い仔犬が生まれたこと迎えてくれたこともあった。律儀な「娘たち」である。テニスボールを二個も口に入れてがあったが、彼女は「誰一頭」分け隔てなく献身的に世話をしていた。病弱だったので帝王切開をせざるを得なかった母犬が、出産の翌日に帰宅し、仔犬たちを探して家の中を歩き回っていた姿も、今では懐かしい。

ともかく、私は、滋賀、東京、小樽、熊本、福岡そして京都の地で、多くの人々とのかかわりによって、心も生活も豊かになったことに、深く感謝を申し上げたい。「はじめに」にも記したように、前著『日本人と裁判』を上梓してもらえなければ、本書の今はないと思う。また、前著では、日本法制史家の西村安博教授（同志社大学）と民事訴訟法学者の鶴田滋教授（当時、九州大学。現、大阪公立大学）に大変お泰氏（現、出版工房ひうち：燧）にも、心から感謝を申し上げたい。法律文化社の当時の社長、秋山

238

世話になった。心から御礼を申し上げたい。

日本では、今でも、「訴訟」も「裁判所」も、まだまだ一般庶民からは遠い存在のように思われるが、

このような小著も、日本の司法制度、裁判制度、民事訴訟制度および民事紛争解決制度をよりよいもの

にするために、多少とも役立つことができればと、心から願いたい。それが、幼くして亡くなった私の

兄と姉へのささやかな供花になるのではないかと思うからである。

歴史のすべてが現在の人々の学びの糧になることを期待して擱筆したい。

■著者紹介

川嶋　四郎（かわしま　しろう：KAWASHIMA Shiro）

現在　同志社大学法学部・大学院法学研究科・教授
　　　日本学術会議会員

略歴　滋賀県甲賀市生まれ
　　　一橋大学大学院法学研究科博士課程単位取得退学，博士（法学）
　　　九州大学大学院法学研究院・法科大学院・教授等を経て，現職

著書　『民事訴訟過程の創造的展開』（弘文堂，2005年）
　　　『民事救済過程の展望的指針』（弘文堂，2006年）
　　　『差止救済過程の近未来展望』（日本評論社，2006年）
　　　『アメリカ・ロースクール教育論考』（弘文堂，2009年）
　　　『民事訴訟法』（日本評論社，2013年）
　　　『公共訴訟の救済法理』（有斐閣，2016年）
　　　『民事訴訟の簡易救済法理』（弘文堂，2020年）
　　　『民事訴訟法概説〔第3版〕』（弘文堂，2019年）
　　　『民事手続法入門〔第5版〕』（共著。有斐閣，2018年）
　　　『民事裁判ICT化論の歴史的展開』（共著。日本評論社，2021年）
　　　『テキストブック現代司法〔第6版〕』（共著。日本評論社，2015年）
　　　『会社事件手続法の現代的展開』（共著。日本評論社，2013年）
　　　『レクチャー日本の司法』（共著。法律文化社，2014年）
　　　『判例民事訴訟法入門』（共著。日本評論社，2021年），等

Horitsu Bunka Sha

日本史のなかの裁判
——日本人と司法の歩み

2022年10月10日　初版第1刷発行

著　者　　川嶋四郎

発行者　　畑　　　光

発行所　　株式会社 法律文化社

　　　　　〒603-8053
　　　　　京都市北区上賀茂岩ヶ垣内町71
　　　　　電話 075(791)7131　FAX 075(721)8400
　　　　　https://www.hou-bun.com/

印刷：中村印刷㈱／製本：㈱藤沢製本
装幀：石井きよ子

ISBN 978-4-589-04229-3

©2022 Shiro Kawashima　Printed in Japan

新版 史料で読む日本法史

村上一博・西村安博編〔HBB+〕

四六判・三六四頁・三六三〇円

学生の知的好奇心を刺激するトピックを選び、現代の法的問題とも結び付く法意識や裁判の観点から日本法史の世界を探検。史料を読み解きながら解説を加える方針を踏襲し、総論・古代法・近代法を補訂。史料の体裁も刷新。

日本近代法案内
—ようこそ史料の森へ—

山中永之佑編

A5判・三二〇頁・三六三〇円

現代日本の基礎が築かれた近代にスポットをあて原史料を素材にしながら近代法制度を読み解く。史料こそ何ものにも勝る証言者。リアルに当時が甦り現代との関連がわかる新たな試みの書。コンパクトな解説・コラム付。

新・日本近代法論

山中永之佑編

A5判・三九二頁・三九六〇円

現代法の理解には、そのルーツである近代法の研究が不可欠であるとのモットーを掲げ、その歴史的背景を多角的に説く。大日本帝国憲法の制定、訴訟法制、財産法制の三章と網羅的な参考文献一覧を新設した充実の新版。

レクチャー日本の司法

川嶋四郎・松宮孝明編 [αブックス]

A5判・二九四頁・二七五〇円

市民目線で『日本の司法』の全体像をわかりやすく概観。司法や裁判の位置づけ、多様な手続とそれぞれの担い手を詳解し、法や実務の課題を示す。民事裁判や刑事裁判の制度や手続の全体像を知るための手引きとしても有用。

━━━ 法律文化社 ━━━

表示価格は消費税10%を含んだ価格です